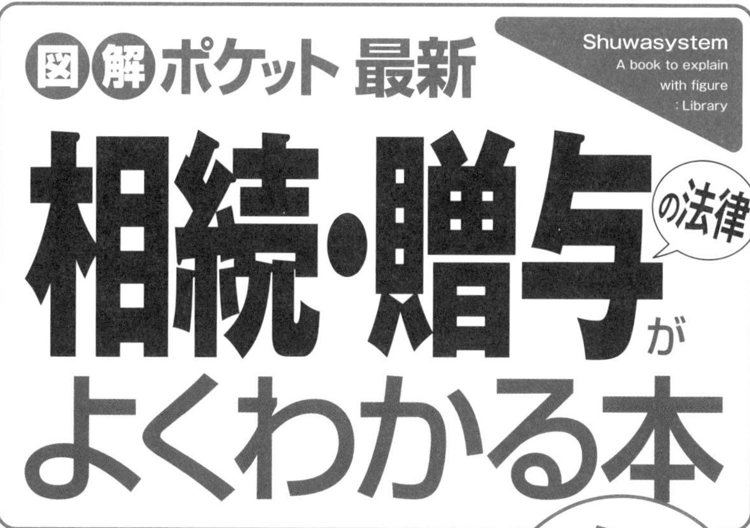

相続・贈与の法律実務研究会 著
三木 邦裕 監修

秀和システム

はじめに

2018（平成30）年の相続法の改正（2019〜2020年、段階的に施行）には、大きなポイントが5つあります。

1つ目は、社会の高齢化が進み平均寿命が延びたことから、被相続人亡きあと、残された配偶者の居住を保護するための制度である配偶者居住権と配偶者短期居住権の創設です。配偶者居住権は、遺産相続において、被相続人の死後も配偶者が長年住み慣れた建物に引き続き住むことができる権利であり、一方、配偶者短期居住権は、配偶者が別の場所に居住しなければならない場合でも、一定期間、居住建物を無償で使用できる権利です。

2つ目が、婚姻期間20年以上の夫婦における居住建物の贈与に関する優遇措置です。従来、長年連れ添った夫婦間の居住建物の遺贈や贈与でも、特別受益とみなされ遺産分割で受け取る財産が減らされていました。

3つ目が特別寄与の制度の創設です。

従来、相続人が被相続人の看護や財産維持に貢献した場合、寄与分という功労金が認められていましたが、長男の嫁のように相続人以外の親族が被相続人の療養看護に長年貢献していても、その功に報いることができませんでした。

今回の改正では、被相続人に無償で貢献した親族は、相続人に対して金銭の請求ができるようになりました。

４つ目が遺言制度の見直しです。

自筆証書遺言の場合、遺言書はもとより財産目録も自筆で書かなくてはなりませんでした。これが今回の改正では、財産目録はパソコンで作成することが可能となり、新たに法務局が自筆証書遺言の原本を保管する制度が創設されました。

５つ目として、遺留分を金銭で支払うように統一されました。

従来は、遺留分を侵害された場合、現物の返還が求められましたが、今回の改正では、遺留分を侵害されている部分に相当する金銭での支払いに統一されました。

このほか、相続の実務面に影響するものとして、相続税の問題があります。そこで、本書では相続に関係する贈与と相続税についても取り上げました。2015（平成27）年1月1日から遺産にかかる基礎控除が引き下げられ、課税範囲が広がり、実質的に相続税が増税となっています。

こうした相続・贈与の基礎知識のほか、相続税と贈与税の仕組みならびに節税につながる特例の活用法を紹介しています。

2021年6月

相続・贈与の法律実務研究会

本書の仕組み

本書では、今回改正された相続法の項目のほか、相続法を理解するための基礎的な知識と、実務に関係する相続税と贈与税を取り上げています。

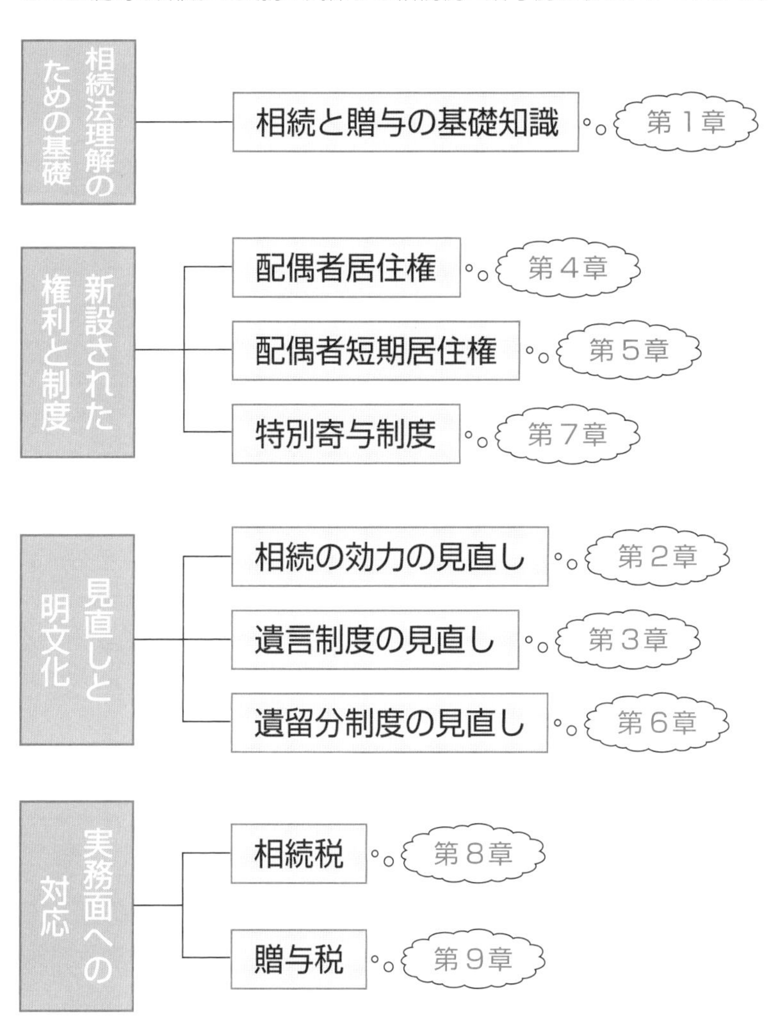

民法と本書掲載の相続法改正項目

（□囲みが主な改正事項）

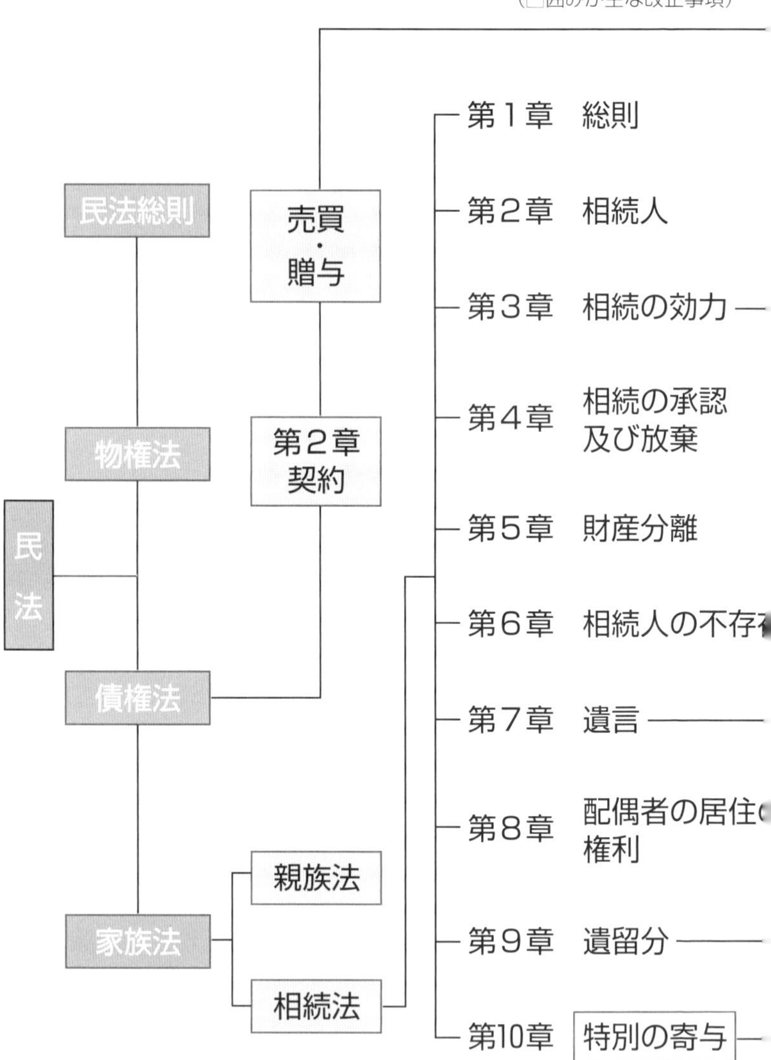

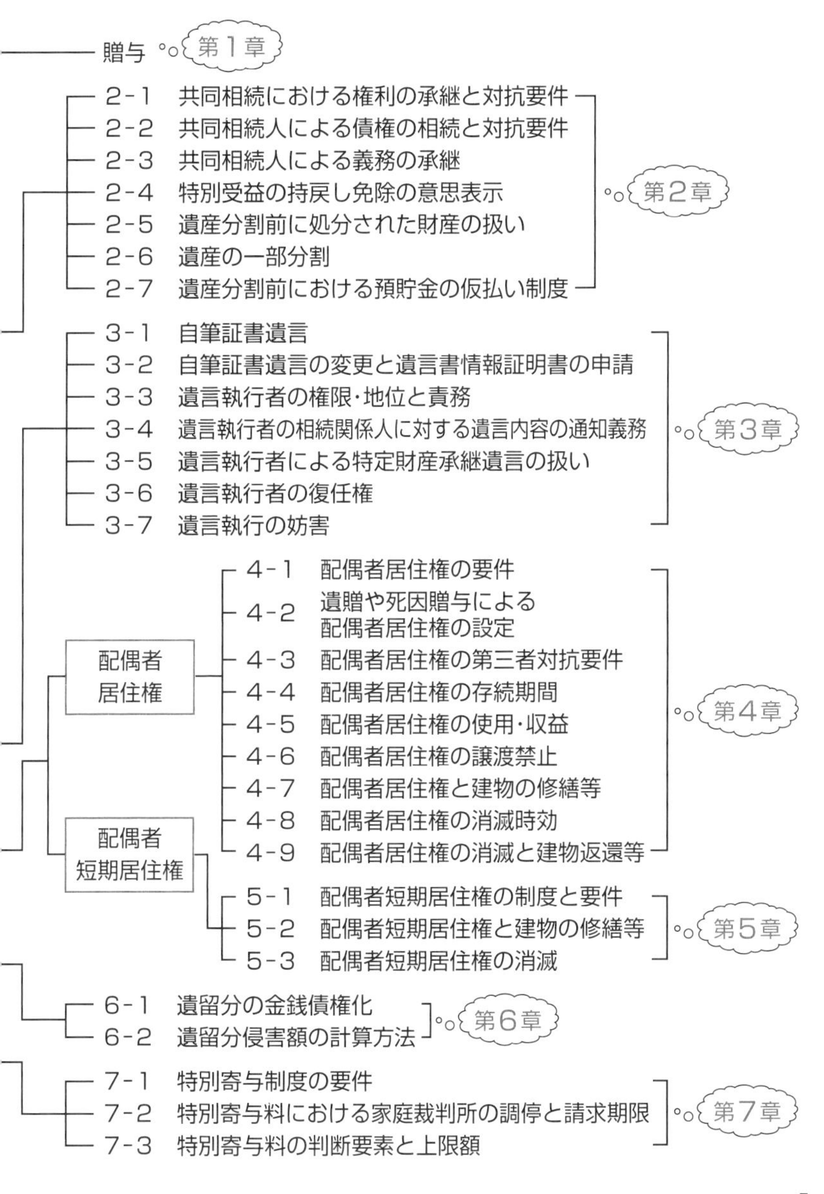
贈与
第1章
2-1　共同相続における権利の承継と対抗要件
2-2　共同相続人による債権の相続と対抗要件
2-3　共同相続人による義務の承継
2-4　特別受益の持戻し免除の意思表示
2-5　遺産分割前に処分された財産の扱い
2-6　遺産の一部分割
2-7　遺産分割前における預貯金の仮払い制度
第2章
3-1　自筆証書遺言
3-2　自筆証書遺言の変更と遺言書情報証明書の申請
3-3　遺言執行者の権限・地位と責務
3-4　遺言執行者の相続関係人に対する遺言内容の通知義務
3-5　遺言執行者による特定財産承継遺言の扱い
3-6　遺言執行者の復任権
3-7　遺言執行の妨害
第3章
配偶者居住権
4-1　配偶者居住権の要件
4-2　遺贈や死因贈与による配偶者居住権の設定
4-3　配偶者居住権の第三者対抗要件
4-4　配偶者居住権の存続期間
4-5　配偶者居住権の使用・収益
4-6　配偶者居住権の譲渡禁止
4-7　配偶者居住権と建物の修繕等
4-8　配偶者居住権の消滅時効
4-9　配偶者居住権の消滅と建物返還等
第4章
配偶者短期居住権
5-1　配偶者短期居住権の制度と要件
5-2　配偶者短期居住権と建物の修繕等
5-3　配偶者短期居住権の消滅
第5章
6-1　遺留分の金銭債権化
6-2　遺留分侵害額の計算方法
第6章
7-1　特別寄与制度の要件
7-2　特別寄与料における家庭裁判所の調停と請求期限
7-3　特別寄与料の判断要素と上限額
第7章

図解ポケット

最新相続・贈与の法律がよくわかる本

[最新民法改正対応版]

CHAPTER 4 配偶者居住権

CHAPTER 5 配偶者短期居住権

CHAPTER 6 遺留分制度

CHAPTER 7 特別寄与制度

CHAPTER 8 相続税

CHAPTER 9 贈与税

CHAPTER 10 相続の手続きの流れと全体のスケジュール

相続と贈与の基礎知識

この章では、今回の改正で大きく変更になった項目は取り上げていませんが、相続法を理解する上で基本となる知識ばかりですから、しっかり身に付けておきましょう。

相続

相続とは、亡くなった人の財産をその人の配偶者や子どもなどの相続人が引き継ぐことです。故人の残した財産を引き継ぐ方法としては、遺言と遺産分割協議があります。

人が亡くなった場合、その人が所有していた財産が残されることになります。この残された財産のことを「**遺産**」といいます。遺産の中には、預貯金のように譲り受けた人にとってプラスとなる遺産もあれば、借金のように負の遺産もあります。

そして、遺産を承継する方法に「遺言」と「遺産分割協議」があります。遺産分割協議による相続は対象者が限られていますが、遺言による相続の場合は対象者が限定されていません。

では、最初に遺言について見ていきます。

1 遺言

人が亡くなって遺産がある場合、原則として次項にあるように法定相続人が法定相続分を相続することが民法で定められています。

ただし、故人が生前に「自分の財産についての意思表示」をすれば、相続人や相続割合といった法定相続を変更することができます。これを遺言といいます。

通常、遺言は遺言書として残し、そこに書かれたとおりに財産を分割します。

では、次に遺産分割協議による相続について紹介します。

2 遺産分割協議

遺言がない場合、相続開始後の遺産は相続人が共同所有している状態です。そのため相続人が話し合いをして遺産の分け方を決めることになります。このように、遺産の分配について協議することを「遺産分割協議」といいます。

しかし、遺産分割協議では決まらないことがあります。その場合は、家庭裁判所が間に入って話し合いで解決を図る**調停**や、さらに調停でも話し合いがまとまらなかったときに裁判所が審理した結果を当事者に下す**審判**によって決められます。

●相続人は配偶者と血族のみ

人が財産を残して亡くなった場合、亡くなった人を「**被相続人**」といい、その人の財産を相続する人を「**相続人**」といいます。相続人になれるのは「**配偶者**」と「**血族**（**血縁者**ともいいます）」に限定されます。

配偶者は夫婦のうち妻か夫のいずれか片方のことです。夫婦のいずれかが亡くなった場合、片方は必ず相続人としての権利があります。

血族相続人は、被相続人の子や孫などの「**直系卑属**」、親や祖父母などの「**直系尊属**」、そして兄弟姉妹や甥（おい）、姪（めい）（**傍系の血族**）のことです。それゆえ被相続人のおじやおば、いとこなどが法定相続人になることはありません。

また、相続人になれるのは配偶者と血縁者なので、内縁の妻や再婚した配偶者の子どもなどは法定相続人にはなれません。ただし、養子縁組した場合は実子と同じように相続人になります。

●相続人には順位がある

血族相続人が相続する場合、みんな公平に相続できるわけではありません。相続する順位と割合（**法定相続分**）が法律で決められています。

その順位は、次ページの図でも示していますが、次のとおりです。

第１順位…被相続人の子ども、孫、ひ孫（直系卑属）

第２順位…被相続人の父母、祖父母（直系尊属）

第３順位…被相続人の兄弟姉妹など

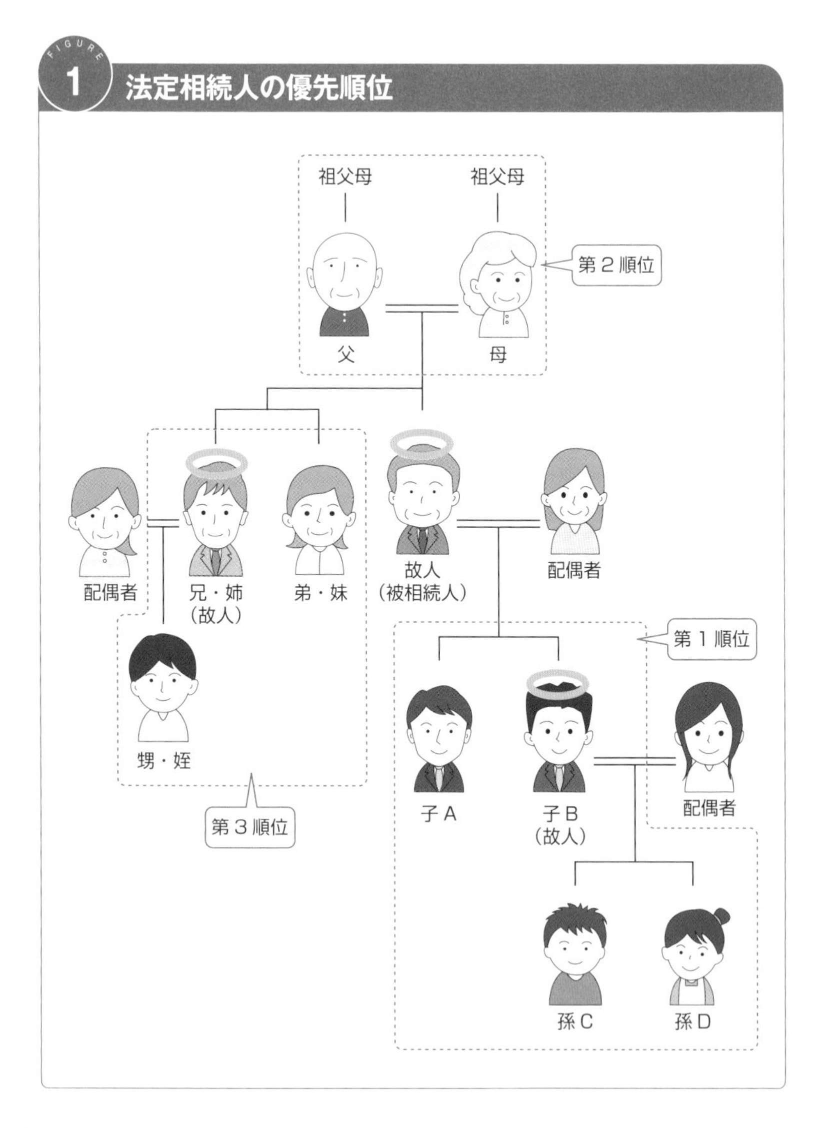

●法定相続分

法定相続分は、第１順位の場合には配偶者が財産の 1/2、残りの 1/2 を第１順位の相続人の人数で分けます。第２順位の場合には配偶者が財産の 2/3、残りの 1/3 を第２順位の相続人の人数で分けます。第３順位の場合には配偶者が財産の 3/4、残りの 1/4 を第３順位の相続人の人数で分けます。

配偶者がいない場合は、順位に従って法定相続分に決まります。まず、第１順位の場合は子どもが等分に、子どもや孫がいない場合は、第２順位の父母が等分に分けます。

同順位の共同相続人が複数いる場合には、各共同相続人の相続分は原則、均等になります。しかし、父母の一方のみを同じくする兄弟姉妹の相続分は、父母の双方を同じくする兄弟姉妹の相続分の 1/2 となります。

また、相続人の中で被相続人から生前贈与や遺贈があったり、被相続人の財産形成に貢献していた場合には、法定相続分にこうした事情を反映した相続分が算出されることになります。

●未成年者が相続人の場合

相続人が未成年者である場合は、他の法律行為と同じように未成年者の**法定代理人**である親権者が代理人として、遺産分割協議に参加します。しかし、親権者はその未成年者と同じ相続人であることが多く、その場合は親権者の代わりに「**特別代理人**」を選任し、その特別代理人が協議に参加することになります。それゆえ特別代理人には、相続権のない親族とか弁護士、司法書士などが選任されることが多いようです。

●認知症などで判断力に欠けた人が相続人の場合

認知症などで判断力に欠けた人が相続人の場合は、**成年後見人**を選任しなければなりません。成年後見人は家庭裁判所に申し立て選任してもらうことになりますが、未成年者と同様、場合によっては身内が成年後見人になることが認められないこともあります。

それゆえ成年後見人には利害関係のない弁護士、司法書士、福祉士などの第三者が選ばれます。

ただし、特別代理人、成年後見人いずれの場合も、遺産分割協議で代理した相続人の利益として法定相続分以上の確保が求められます。法定相続分以下の場合は、裁判所が認めないことが多いといわれます。

●遺産分割の方法

遺産分割の方法については特別な決まりはなく、相続人間で自由に決めることができます。一般には以下の４つの方法が知られています。

・現物分割…財産の一つひとつを相続人一人ひとりが相続する方法です。
・代償分割…相続人の一人が法定相続分以上の財産を取得する代わりに、他の相続人たちに金銭を支払う方法です。
・換価分割…相続財産を売却して､その代金を相続人に分配する方法です。
・共有分割…不動産を兄弟で２分の１ずつ共有するなど、財産を複数の相続人で共有する方法です。

FIGURE 2

法定相続人の優先順位と法定相続分

故人（被相続人）の配偶者は常に相続人となります。

●配偶者と血族相続人の法定相続分

相続の順位	血族相続人	配偶者相続人	法定相続分	
第１順位	直系卑属（子・孫など）	配偶者	配偶者	1/2
			直系卑属	1/2
第２順位	直系尊属（父母・祖父母）	配偶者	配偶者	2/3
			直系尊属	1/3
第３順位	兄弟姉妹	配偶者	配偶者	3/4
			兄弟姉妹	1/4

相続の対象となる財産

故人が残した財産にはいろいろなものがあります。金銭や不動産のようなプラスとなるもの、そして借金やその他負債となるマイナスの財産です。相続人には、これらの財産を合算した上で、引き継ぐかどうか判断することが求められます。

被相続人（故人）の残した財産の中には、相続人が引き継げるものと引き継げないものがあります。法律では、「相続人は、相続開始の時から被相続人の財産に属した**一切の権利義務**を承継する。ただし、被相続人の**一身に専属**したものは、この限りではない。」と規定されています。

つまり、遺産の中には権利のようなプラスとなるものも義務のようなマイナスの財産も存在するということです。また、被相続人の身分や地位のような、被相続人だけに付帯する固有の権利と義務については相続できません。

相続できるものとできないものをまとめたのが、次ページの表です。

1 遺産の対象別手続き方法

遺産を引き継ぐ場合には、金銭や不動産など、財産の種類によって手続きが異なります。

・金銭……名義変更、解約後の金銭分配
・不動産……登記
・動産……引渡し、登記、登録
・株式等の有価証券……名義変更
・借金・負債……上記いずれかの手続き

FIGURE 3

引き継げる財産、引き継げない財産

●引き継ぐことができる財産

- 預貯金・有価証券・貸付金
- 宅地建物などの不動産・賃借権
- 自動車・家財・貴金属・書画骨董（こっとう）などの動産
- ゴルフ会員権・損害賠償請求権
- 連帯保証債務、連帯保証人の地位
- 借金・買掛金・住宅ローン
- 公租公課・家賃・地代の未払分

●引き継ぐことができない財産

- 墓地や墓石、仏壇や仏具、神棚・神具や系譜など宗教的・祭祀（さいし）的な要素を含むもの
- 遺族給付金
- 一身専属的な権利・義務

  一身専属的な権利・義務とは、その性質上、本人のみに認められた権利・義務で、他者に譲渡・相続することができない、以下のようなものを指す。

  ・生活保護受給権
  ・年金受給権
  ・配偶者居住権
  ・身元保証人としての地位
  ・代理権
  ・使用貸借における借主の地位
  ・雇用契約上の地位

2 相続するか否かを相続人が選択できる３つの方法

被相続人の遺産にはプラスの財産もあればマイナスの財産もあります。相続人が、これらの財産を相続するかどうかは、以下の３つの方法を選ぶことができます。

●相続の単純承認

相続人には相続するかしないかを選ぶことができます。単純承認は、相続人が被相続人の財産のうち相続分となる一切の権利義務をそのまま引き受けることです。

●相続の限定承認

相続人は、相続財産の範囲内で借金などの負債を支払えばよく、相続財産を超える負債は免れることになる、という**限定された相続**方法です。

●相続放棄

相続財産が預貯金のようなプラスの遺産よりも借金やローンなどの負債の方が多い場合、相続人は相続せずに放棄することができます。これが相続放棄です。

相続放棄は、遺産分割協議で受け取らない意思を示すことと思われがちだが、正確には家庭裁判所を利用した手続きとなる。

贈与

贈与は、人が別の人へ金銭や物品などの贈り物をすることです。法律でいう贈与とは、与える側と受け取る側の合意があって無償で与えることをいいます。

相続は人から人へ財産が移動するものですが、同じようなものに「**贈与**」があります。遺産分割の際、生前贈与や遺贈が相続財産の前渡しとして問題となるように、贈与と相続は密接に関係しています。

では、相続に関係する贈与の種類を紹介します。

1 生前贈与

生前贈与とは、相続人が被相続人から生前に受けた贈与のことです。遺産分割では、生計資金や結婚資金などのように金額が大きい場合は「**特別受益**」とされ、相続分から贈与分を除かれることになります。特別受益に該当するものは法律で定められていて、次ページの表のようなものです。

ただし、法律の上では、特別受益がどれくらいの額なのかについて明確な基準はありません。

2 死因贈与

死因贈与とは、生前贈与と同じように、贈与者である被相続人と受贈者となる相続人との間の贈与契約です。ただし、生前贈与と異なるのは、その贈与の効力発生が贈与者の死亡時とされているということです。つまり、被相続人が亡くならないと相続人には贈与されないということです。しかも、契約である以上、受贈者はこれを一方的に解消することはできないとされています。この点が次項で述べる遺贈との大きな違いです。

ただし、民法では、いずれも被相続人の死亡によって被相続人の財産が相手方に移転することから、死因贈与にもその性質に反しない限り遺贈の規定が準用されます。

死因贈与は、遺贈とは違って遺言を書かなくてもよく、また遺贈者にとっては特定の相手に必ず渡したい財産がある場合に便利です。

死因贈与の契約は口約束でも成立しますが、口約束のみの場合は相続時や約束が果たされない場合にトラブルになる可能性があるため、契約書を作成しておくと遺産相続にも役立ちます。しかし、死因贈与は、遺贈の遺言とは違って契約内容を撤回できない場合があることと、不動産の場合は税金面で不利になるというデメリットもあります。

●特別受益

特別受益とは、相続人が婚姻や養子縁組のため、もしくは生計の資金として被相続人から生前贈与や遺贈を受けている利益のことです。

具体的には、下の表のものが挙げられます。

特別受益に該当するもの

- 結婚資金の持参金・支度金や養子縁組の資金
- 住宅資金
- 特定の子どもだけの留学費用
- 生活資金の援助
- 独立開業資金
- 土地の贈与
- 遺贈

3 遺贈

遺贈は、前項でも触れましたが、被相続人が遺言という意思表示によって、自分の財産を相続人だけでなく相続人以外の人に対しても渡せる制度です。そのため遺贈は必ず遺言によって行わなければなりません。

遺贈には大きく分けて『**包括遺贈**』と『**特定遺贈**』という2種類があります。

●包括遺贈

包括遺贈とは、遺言で「相続財産の2分の1を配偶者の兄弟に遺贈する。」といったように、財産の全部または一定の割合を包括的に指定した人に遺贈することをいいます。この場合、遺言によって財産を贈られる包括受遺者は、実質的には相続人と同一の権利義務を負うことになるため、遺産分割協議に参加して遺産分割をする必要があります。また、遺贈者に借金などのマイナス財産があれば、遺贈された割合に従ってマイナスの財産も引き受けなければなりません。

●特定遺贈

特定遺贈とは、「別荘を誰々に遺贈する。」などと財産を具体的に指定して、特定の人に遺贈することをいいます。この場合、受遺者はその特定された財産を取得することができますが、それ以外の財産を取得することはできず、また何らかの事情で別荘が売却されたり、火災などでなくなった場合、受遺者は何も取得できません。しかし、債務を指定されない限り遺言にない債務を負担することもありません。

相続の効力の見直し

今回の改正では、相続による権利の承継と第三者との関係についての見直しがなされました。ここでは、見直しに伴って変更された遺産の分割方法ならびに相続分を超える部分についての対抗要件の規定などを見ていきます。

共同相続における権利の承継と対抗要件

法定相続分を超える権利は登記することで、第三者への対抗要件となります。

従来、法定相続分を超える権利を取得した場合、取得した方法によって、第三者に対して権利取得を主張できるかどうかが決まっていました。

遺産分割によって権利を承継したとき、権利を取得した相続人は、**登記**などの**対抗要件**を備えなければ、**法定相続分**を超えた権利を、他の共同相続人から相続財産を譲渡された第三者に対抗できませんでした。

一方、遺言によって権利を承継した相続人は、対抗要件がなくても、法定相続分を超えた部分の取得を第三者に対抗できることとされていました。

しかし、この場合、第三者は遺言の内容を知ることができず、取引の安全が害されるおそれがあるなどの問題が指摘されていました。

たとえば、X（親）が亡くなり、子のAとBが相続人ですが、Xには遺書があり、X所有の甲土地についてAに相続させるとの遺言がありました（甲土地の評価額は2000万円でAの法定相続分を超えています）。ところが、BはYから1000万円を借りていて、土地の相続があるから、そこから支払うと言っていた事情がありました。

この場合、旧法では遺言が優先し、甲土地はAの所有物となり、Aに登記がなくてもYは甲土地の2分の1を所有することができません。

これでは、所有権の登記は被相続人のままになる可能性があります。さらに、遺言の内容を知り得ない債権者Yを不利益に取り扱うことになりかねません。

ただし、上記の例で、AがXの遺言ではなく、寄贈や遺贈で甲土地を取得した場合は、Yが先に登記していればYが甲土地の2分の1を所有することができます。

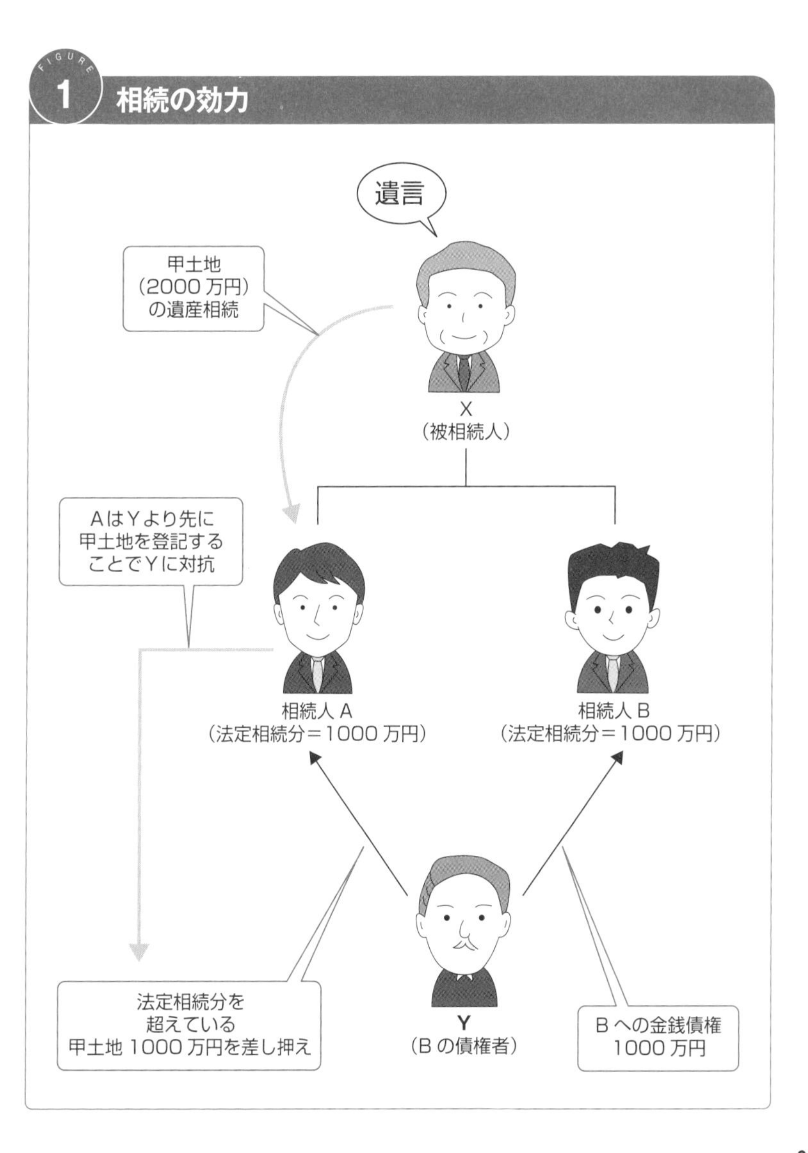

1 相続における権利の承継と対抗要件（改正の要点）

そこで、新法 899 条の 2 第 1 項で「相続による権利の承継は、遺産の分割によるものかどうかにかかわらず、次条及び第 901 条の規定により算定した相続分を超える部分については、登記、登録その他の対抗要件を備えなければ、第三者に対抗することができない。」と規定されました。

これによって、遺言による場合でも法定相続分を超えるぶんについては、登記などの対抗要件を備えなければ第三者に対抗できなくなりました。

上記の例では、YがAより先に差押えの登記をしていた場合は、のちになされたAの所有権移転の登記はYに対抗できないので、Bが本来相続するはずであったBの持分について、AはYに対抗することはできません。

ここでの「対抗要件」とは、不動産の場合は「登記」、動産は「引渡し」、自動車は「登録」です。

財産としては、ヨットは動産であるが、登記が必要な大型船舶や航空機は動産ではなく不動産として扱われるよ。

共同相続人による債権の相続と対抗要件

法定相続分を超える債権の取得は、取得内容を明らかにすることで、債務者および第三者への対抗要件となります。

従来、相続指定または遺産分割方法の指定としての、相続させる旨の遺言の場合、法定相続分を超える部分については、対抗要件を備えずに債務者または債務者以外の第三者に対抗できるとされていました。

ただ、遺産分割の場合は、法定相続分を超える部分については、対抗要件を備えなければ、分割後に債務者に権利を行使し、または分割後の第三者に権利の取得を対抗することができないとされていました。

これについては、**債務者への通知**が「**対抗要件**」となりますが、共同相続人全員の通知が必要でした。

たとえば、被相続人Aには子のBとCがいて、遺言でXへの貸金債権の3/4を子のCに相続させるという場合、その貸金債権がCの法定相続分を超えていれば、Bの同意が得られないので、Cは債務者Xに対して法定相続分を超えたぶんの権利を主張することができませんでした。

1 債権の相続と対抗要件（改正の要点）

今回の改正で、債権を共同相続した場合での対抗要件が明確になりました。新法899条の2第2項で「前項の権利が債権である場合において、次条及び第901条の規定により算定した相続分を超えて当該債権を承継した共同相続人が当該債権に係る遺言の内容（遺産の分割により当該債権を承継した場合にあっては、当該債権に係る遺産の分割の内容）を明らかにして債務者にその承継の通知をしたときは、共同相続人の全員が債務者に通知をしたものとみなして、同項の規定を適用する。」とされています。

つまり、被相続人から相続した預貯金や貸金などの債権については、遺産の分割によるものかどうかにかかわらず、法定相続分を超えている債権を承継した共同相続人が、遺産分割や遺言の内容を明らかにして債務者にその承継を通知したときは、共同相続人の全員が債務者に通知したものとみなして、当該法定相続分を超える権利取得を対抗できることになりました。

たとえば、上記のように被相続人Aには子のBとCがいて、遺言でXへの貸金債権の3/4を子のCに相続させるという場合、Cは貸金債権の債務者Xに遺言内容を明らかにして通知すれば、法定相続分を超えたぶんの権利を主張することができます。

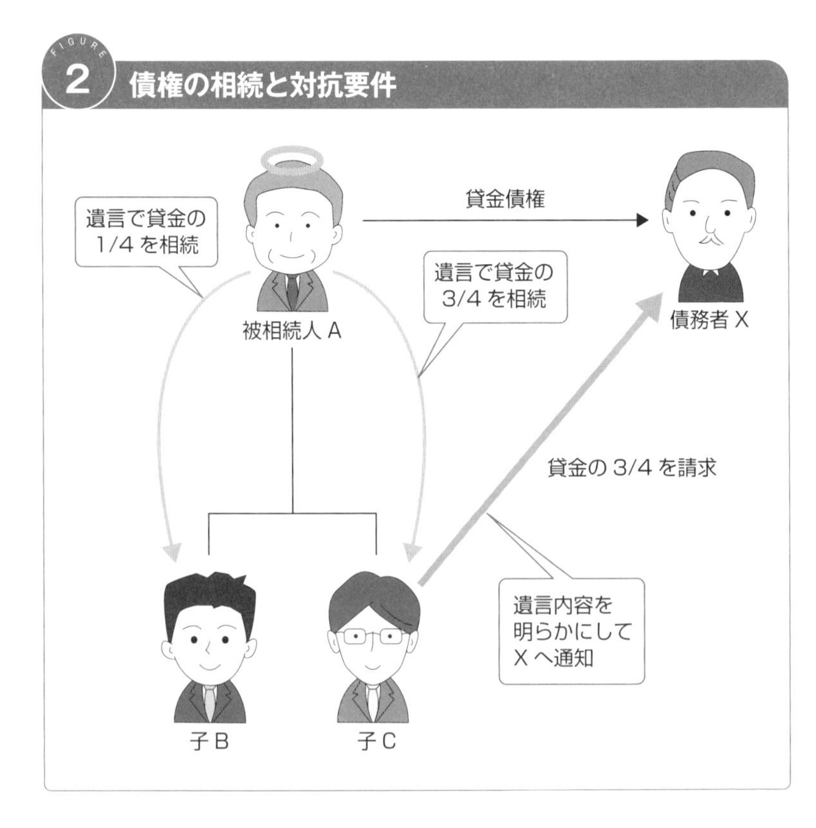

共同相続人による義務の承継

相続債権者は、共同相続人に対して指定相続分か法定相続分での請求を選択することができます。

被相続人の債権者は、遺言によって相続分が指定された各共同債権者に対し、法定相続分に応じて権利を行使することができるでしょうか。

旧法では、被相続人の相続債務は共同相続人間では遺言で指定された相続分に応じて承継されますが、債権者には相続分の指定の効力は及ばないとされていました。

しかし、判例では、「相続債務についての相続分の指定は、**相続債権者**の関与なくされたものであるから、相続債権者に対してはその効力が及ばないとされ、各相続人は相続債権者から法定相続分に従った相続債務の履行に応じなければならないが、相続債権者が相続分の指定を承認した場合は、各相続人は指定相続分に応じて履行することができる。」とされています。

たとえば、被相続人Xに預貯金が2000万円あり、Yに1000万円の貸金債権を負って死亡した場合です。相続人は子のAとBです。Xには遺言があり、Aの相続分は預貯金の3/4の1500万円、Bの相続分は1/4の500万円という相続の指定がありました。

この場合、Xの債権者Yは、AおよびBに対し、法定相続分である1000万円の1/2の500万円をそれぞれに請求することができます。

ただし、YがAまたはBに対して指定相続分の割合による債務の承継を承認した場合は、Aに対して750万円、Bに対して250万円の貸金債権を行使できることになります。

なお、このときはAB間の相続割合は指定相続分に従うことになるため、BがYに対し、法定相続分に応じて500万円を支払った場合には、BはAに対して指定相続分を超える金額250万円を求償することができます。

1 義務の承継（改正の要点）

今回の改正では902条の2において、「被相続人が相続開始の時において有した債務の債権者は、前条の規定による相続分の指定がされた場合であっても、各共同相続人に対し、第900条及び第901条の規定により算定した相続分に応じてその権利を行使することができる。ただし、その債権者が共同相続人の1人に対してその指定された相続分に応じた債務の承継を承認したときは、この限りでない。」とされました。

これは、遺言により相続分が指定された場合であっても、被相続人の債権者は、原則として各共同相続人に対し、その法定相続分に応じて、権利を行使することができることを定めたものです。

つまり、債権者は自ら指定相続分の割合を承認しない限り、各共同相続人に対し、法定相続分の割合による権利を行使することができます。

今回の改正は判例を明文化したものといえるでしょう。

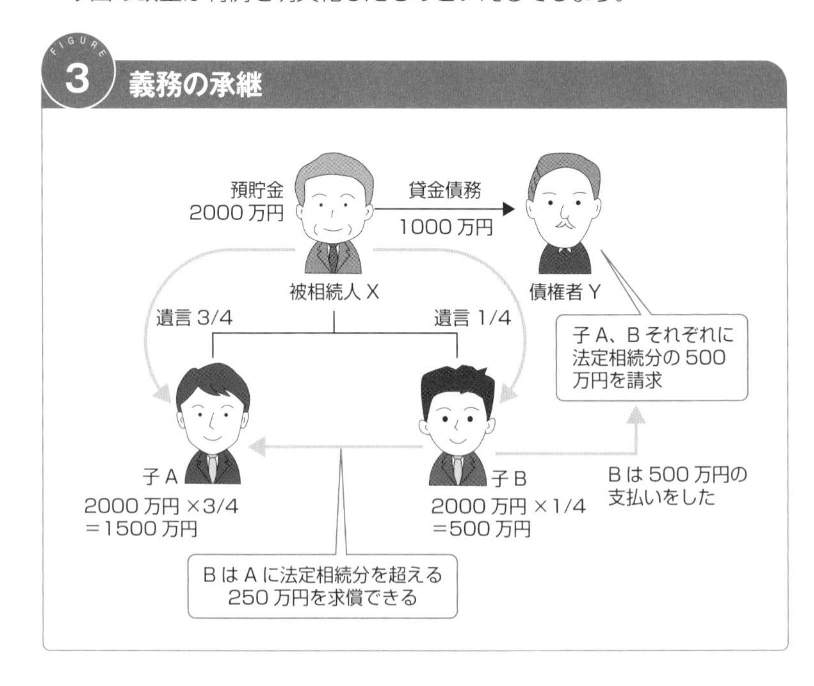

FIGURE 3 義務の承継

特別受益の持戻し免除の意思表示

相続人が被相続人から遺贈や生前の資金援助を受けたりした場合、贈与分は相続の前渡しとして相続分から控除されますが、被相続人の免除の意思表示があった場合は控除されません。

特別受益とは、被相続人から遺贈または贈与によって相続人が受けた利益のことです。ここでいう贈与は婚姻・養子縁組のための贈与と生計の資本としての贈与です。この特別受益を受けていた相続人とほかの共同相続人の相続分は同じなのでしょうか。

旧法では、相続人が複数いる場合に、被相続人から特別に利益を受けた一部の相続人に対しては、相続分からその特別受益の価額を控除した上で具体的相続分を計算しています。

つまり、遺産を分配する際に、相続開始時の遺産額に特別受益を戻してから計算するので、遺産が増えることになります。これを「**持戻し**」といいます。

たとえば、被相続人Aが亡くなり遺産が8000万円で相続人には子Bと子Cの2人がいます。ただし、Bは婚姻のため過去に600万円を受け取っていたとします。この場合、相続時の8000万円にBが受け取った600万円を持ち戻し、8600万円が遺産であることになります。それを子の2人へ分配して1人4300万円となりますが、Bは生前に600万円をもらっているので4300万円から600万円を差し引いた3700万円、Cは4300万円でトータル8000万円となります。

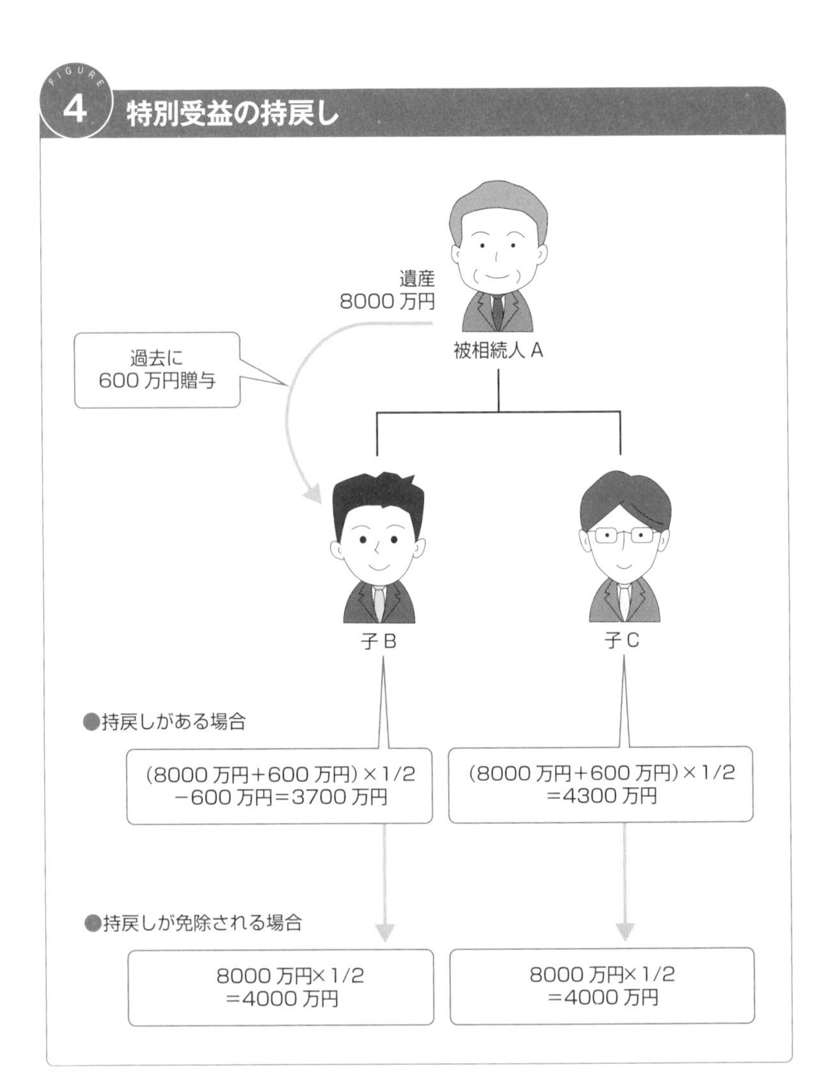

借地権の贈与は特別受益

被相続人所有の土地に相続人が建物を建築し、借地権を設定した場合は特別受益となります。

1 特別受益の持戻しの免除の意思表示

被相続人が特別受益の持戻しを希望しない場合は、遺言に「持戻しは必要ない」と記載しておくと持戻しが免除されることになります。

上記の例では、Bの持戻しがないので1人4000万円となります。

2 配偶者に対する持戻しの免除の意思表示の推定（改正の要点）

今回の改正では、結婚20年以上の配偶者に対する自宅の生前贈与について、903条に以下の第4項が加えられました。

「婚姻期間が20年以上の夫婦の一方である被相続人が、他の一方に対し、その居住の用に供する建物又はその敷地について遺贈又は贈与をしたときは、当該被相続人は、その遺贈又は贈与について第1項の規定を適用しない旨の意思を表示したものと推定する。」

つまり、婚姻期間が20年以上の夫婦の間で居住不動産が遺贈または贈与された場合は、持戻し免除の意思があったものと推定し、持戻し免除をしないという意思表示があった場合に限り持戻しになる、ということです。

たとえば、婚姻期間が20年になる夫婦がいて、生前その夫Aが配偶者Bに居住用不動産（評価額3000万円）を贈与して亡くなった。相続人はBのほかに子のCとDの2人がおり、遺産は預貯金4000万円です。

この場合、Bには居住用不動産3000万円の贈与は持戻し免除となり、遺産預貯金4000万円を法定相続分に応じて分配します。

Bは4000万円×1/2＝2000万円、CとDはそれぞれ4000万円×1/4＝1000万円となります。

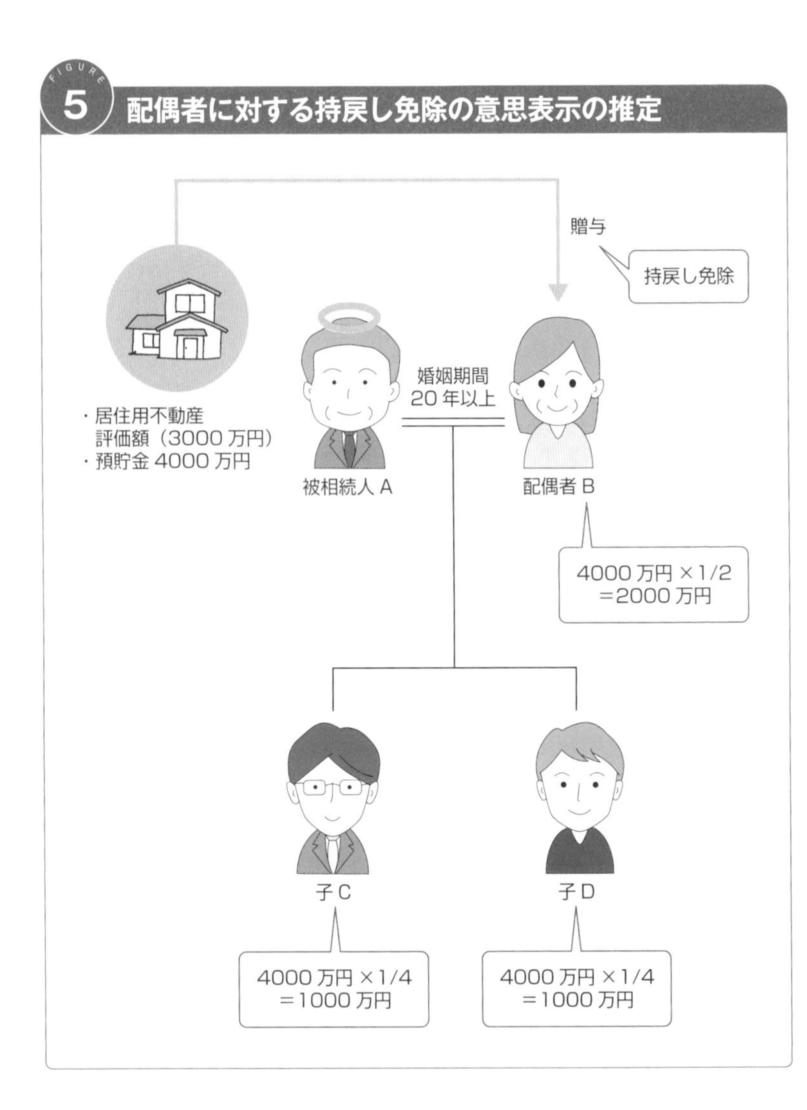

ワンポイント

建物の無償使用と特別受益

被相続人所有の賃貸用建物に、相続人である子が無償で住んでいる場合には、賃料相当額の特別受益と判断されます。

CHAPTER 2
5
遺産分割前に処分された財産の扱い

相続開始後、遺産分割前に1人の相続人が処分した財産についても遺産分割の対象となります。

遺産分割の対象となるのは、分割開始時に存在する財産に限定されています。それでは相続開始後、遺産分割前に共同相続人の1人が遺産の一部を売却した場合、その売却処分した財産は遺産分割の対象とはならないのでしょうか。

旧法では、遺産分割前に処分された遺産を除いた遺産について分割するとされ、その処分した相続人は売却代金と遺産分割の取分が得られることになります。これでは他の相続人にとって不公平との問題が指摘されていました。

また、処分された遺産について**不当利得**として争う場合は、**地方裁判所**に**民事訴訟**を起こさなければならないという負担がありました。

たとえば、被相続人Aには子のBとCがいて、Aの死後にCが2000万円を引き出しました。Aの遺産は預貯金3000万円のみでした。

従来、この場合はCがAの死後に2000万円を引き出しており、この2000万円は遺産分割時に存在しないので遺産分割の対象とはなりません。

ただし、相続人全員がこの2000万円を遺産分割の対象にすると合意した場合は、遺産分割の対象に加えられます。

しかし、Cが承諾しない限り遺産分割の対象とはならないので、BはCが引き出した2000万円のうち500万円について、地方裁判所に**損害賠償請求訴訟**あるいは**不当利得返還請求訴訟**を**提起**しなければなりませんでした。

1 遺産分割前に処分された財産（改正の要点）

新法906条の2第1項で、「財産が遺産分割前に処分されて財産分割時に存在しない場合であっても、共同相続人の全員が遺産分割の対象に含めることを同意すれば、その処分された財産が遺産分割時に遺産として存在するものとみなすことができる。」とした従来の実務での取り扱いを明文化しました。

さらに第2項で「前項の規定にかかわらず、共同相続人の一人又は数人により同項の財産が処分されたときは、当該共同相続人については、同項の同意を得ることを要しない。」とされました。つまり、遺産分割前に処分された財産は、他の相続人が同意すれば、その財産を処分した相続人の同意がなくても遺産分割の対象に含めることができることになりました。

先の例でいうと、Cが同意しなくても、Bの同意だけで、Cが引き出した2000万円を遺産分割の対象に含めることができるようになります。

遺産分割前の処分で、引き出された預貯金に比べ残っている財産が少ない場合には、改正前どおり民事訴訟での解決となる。

遺産分割前に処分された財産

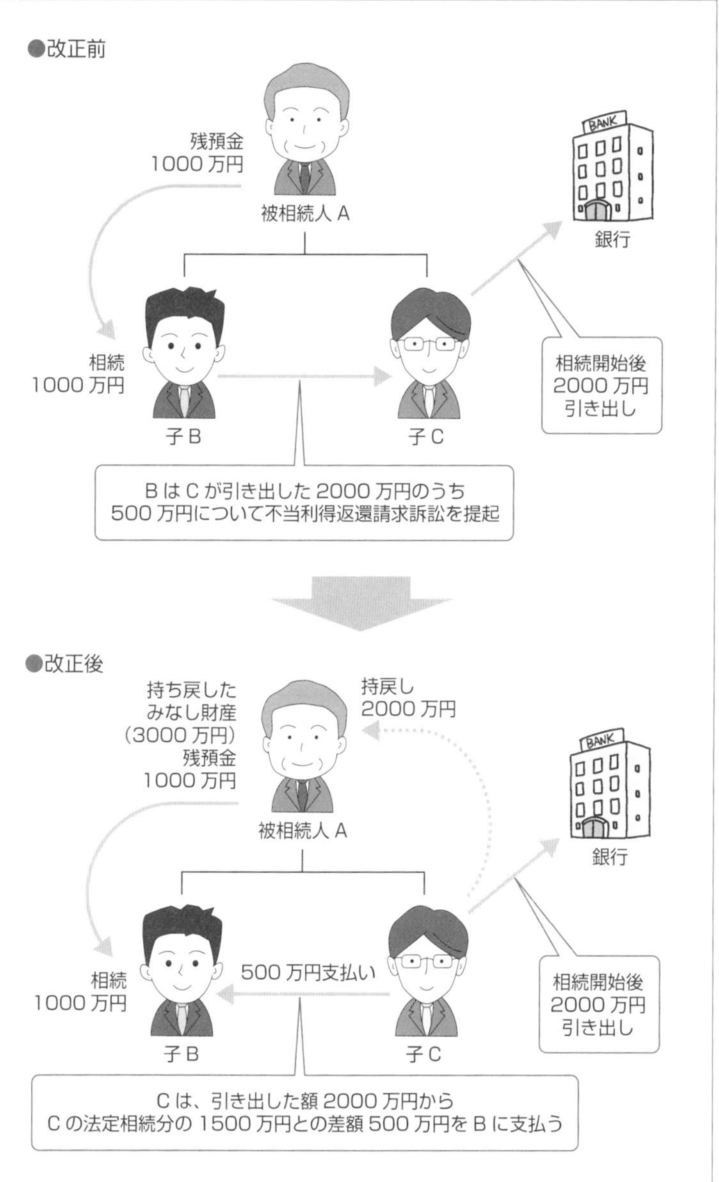

遺産の一部分割

可分債権である預貯金などのように、残部分割に影響を与えない場合は遺産の一部を分割することができます。

遺産分割の方法として、遺産の一部のみを分割することは可能でしょうか。これについては、これまでは民法の規定がありませんでした。

しかし、遺産分割については、遺産に不動産がある場合は金額評価や不動産をどのように分けるかなどといった問題があり、遺産分割を完全に終わらせるには長期化することが考えられます。

また、他の共同相続人が、特別受益や寄与分についての主張をしていた場合、一部分割をしてしまうと、特別受益や寄与分の主張が認められたときに適正な分割ができなくなることが考えられます。

たとえば、亡くなった被相続人Aには預貯金2000万円と自宅（評価額1000万円）の遺産があり、相続人のBとCが自宅以外の遺産である預貯金を先に分割したいという場合です。

従来、実務上では一部分割は認められていましたが、明文化されていませんでした。他方、預金も遺産分割の対象となった結果、たとえば、預金の分割のように相続人間で争いがないような場合に、争いのない一部分のみを、先行して相続人で分割してしまうことを認めた方が、当事者の利益にかなうという判例があり、実務でも一定の場合には可能であるとされています。

ワンポイント

有用な遺産の一部分割

遺産の一部分割は、当面の生活費が必要な相続人がいる場合や、財産の中に多額の借金があり、分割協議に時間をかけると利息や損害金が増えるのを防ぎたい場合に有用な方法です。

遺産の一部分割（改正の要点）

そこで、改正後の民法907条は、以下のように、遺産の一部分割を認める内容の規定となりました。

「1項　共同相続人は、次条の規定により被相続人が遺言で禁じた場合を除き、いつでも、その協議で、遺産の全部又は一部の分割をすることができる。

2項　遺産の分割について、共同相続人間に協議が調わないとき、又は協議をすることができないときは、各共同相続人は、その全部又は一部の分割を家庭裁判所に請求することができる。ただし、遺産の一部を分割することにより他の共同相続人の利益を害するおそれがある場合におけるその一部の分割については、この限りでない。

3項　前項本文の場合において特別の事由があるときは、家庭裁判所は、期間を定めて、遺産の全部又は一部について、その分割を禁ずることができる。」

つまり、相続人間で合意すれば、一部のみの遺産分割が可能であることが明確になりました。

また、相続人は、遺産分割協議が調わない場合に、遺産の一部のみを対象とする**遺産分割調停の申立て**をすることができ、調停がまとまらない場合に、遺産の一部のみを対象とする**遺産分割審判の申立て**をすることができることになりました。

ただし、ほかの共同相続人の利益を害するおそれがある場合には、一部分割は認められません。

たとえば、上記の例でいうと相続人Bは1000万円の生前贈与を受けており、しかもAからの生前贈与分を返せない借金を抱えているといった場合です。こうした特別受益があり適正な分割ができなくなるような場合は、「他の共同相続人の利益を害するおそれがある場合」に該当する可能性が高いと思われます。

ワンポイント

可分債権とは

金銭や預貯金など即座に分けられる財産で、遺産分割を経ずとも、相続開始によって，当然に各共同相続人の相続分に応じて分割承継されるものと解されています。

FIGURE 7 遺産の一部分割

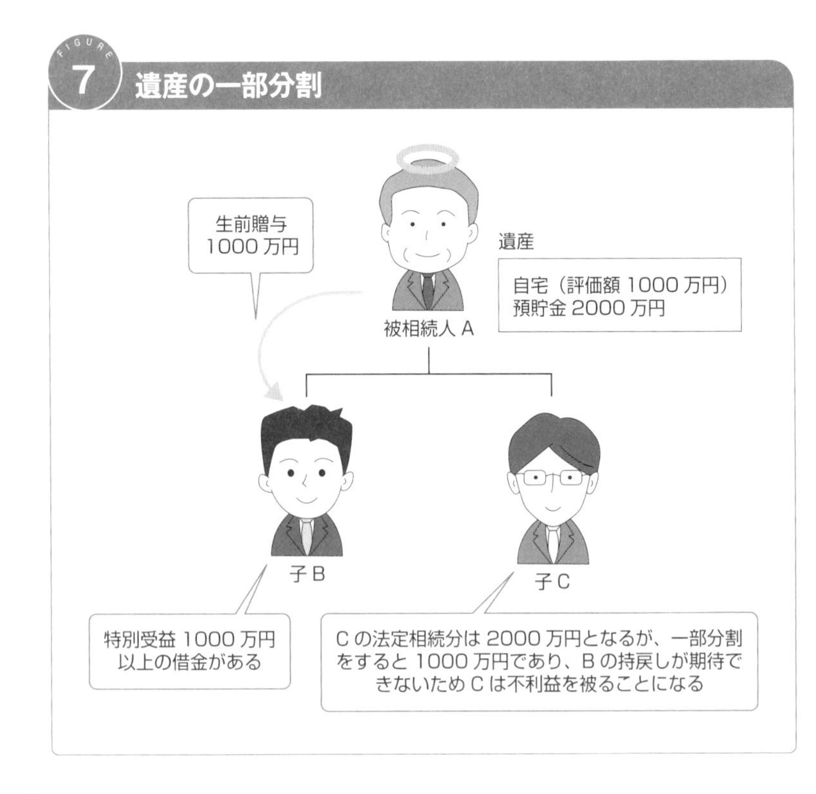

生前贈与
1000万円
遺産
自宅（評価額1000万円）
預貯金2000万円
被相続人A
子B
子C
特別受益1000万円
以上の借金がある
Cの法定相続分は2000万円となるが、一部分割をすると1000万円であり、Bの持戻しが期待できないためCは不利益を被ることになる

遺産分割前における預貯金の仮払い制度

遺産分割前に預貯金の一部を引き出すことができる制度です。

遺言のない法定相続では、相続人の受取り分は割合でしか決めることができないので、具体的に誰がどの遺産を受け取るかについては、**遺産分割**によって決めることになります。

たとえば、被相続人の遺産として土地X・Yと預貯金2000万円を子のAとBの2人が相続した場合、土地X・Yと預貯金も共有となります。それをX（時価1億円）はAの所有、Y（時価9000万円）はBの所有とし、預貯金については、差額を考慮してAは500万円、Bは1500万円になったとします。これは、AとBの話し合いで決めるのですが、この配分のことを遺産分割といいます。

この遺産分割がなければ、A、Bとも金融機関から1円も下ろすことはできません。

1 改正の要点

上記のように、遺産分割がなければ預貯金を引き出せないとすると、葬儀代や相続税を払うこともままなりません。

そこで今回の改正で、遺産に属する預貯金債権のうち、一定額については仮払いとして単独での払戻しを認めることとされたのです。

●引き出せる一定額

引き出せる一定額は、「標準的な当面の必要生計費、平均的な葬式費用の額その他の事情を勘案して預貯金債権の債務者ごとに法務省令で定める額を限度とする」とされています。

・その額は、相続開始時の預貯金債権額の３分の１に預貯金引き出しを求める共同相続人の法定相続分を乗じた額です。ただし、１つの金融機関から払戻しが受けられるのは法務省令で150万円までとされています。

また、遺産分割前に引き出した額については、その共同相続人が遺産の一部を取得したものとみなされ、払戻しを受けた額は相続分から差し引かれます。

払い戻せる額はそれぞれが相続した預貯金額の1/3です。上記のBの相続分は預貯金1500万円なので1500万円×1/3ということになります。ただ、１つの金融機関から払戻しが受けられるのは、法務省令で150万円までとされています。

なお、払戻しを受けた額はその人の相続分の中から差し引かれます。

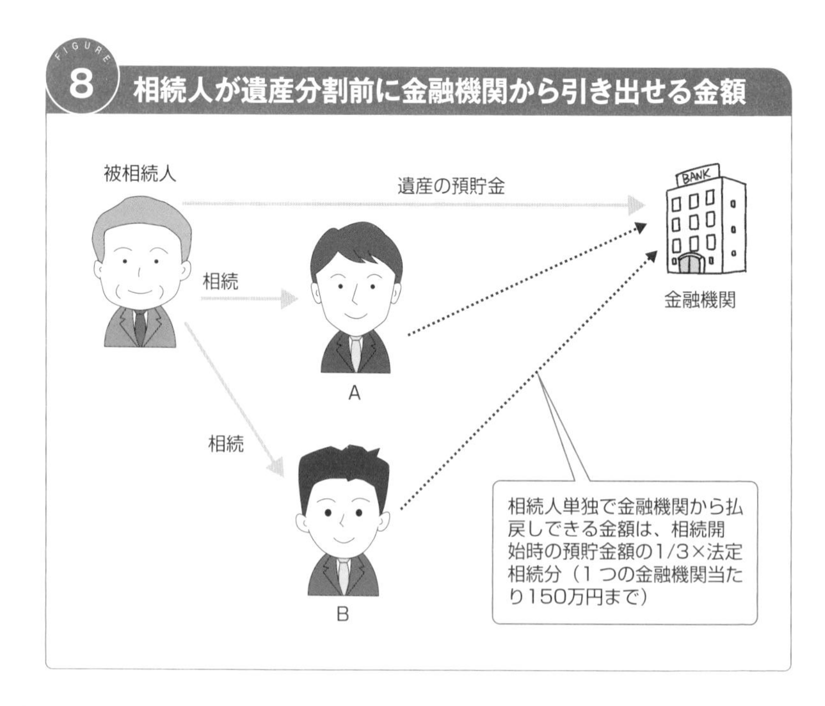
FIGURE
8
相続人が遺産分割前に金融機関から引き出せる金額
被相続人
遺産の預貯金
BANK
金融機関
相続
A
相続
B
相続人単独で金融機関から払戻しできる金額は、相続開始時の預貯金額の1/3×法定相続分（１つの金融機関当たり150万円まで）

遺言制度

今回の改正では、遺言制度の利用促進のための見直しとして自筆証書遺言の方式緩和と、遺言内容の実現化を行う遺言執行者の権限の明確化が規定されました。

自筆証書遺言

自筆証書遺言の方式が緩和され、法務局で保管する制度が創設されました。

遺言には大きく分けて、公正役場で公証人に作成してもらう「**公正証書遺言**」と自分で遺言書を書く「**自筆証書遺言**」があります。

旧法では、この自筆証書遺言はその全文を自書しなければなりませんでした。

遺言の内容である文、日付、氏名を自筆で書くことはもちろん、自筆証書遺言に添付する**財産目録**についても自筆で書くことが必要で、他人が書いたりパソコンなどで作成したものは無効でした。不動産は登記簿謄本どおりに自筆で記入しなければなりません。また、改ざんのリスクを避けるため、封書に入れて封印することも必要でした。

また、自筆証書遺言については、民法で「遺言書の保管者は、相続の開始を知った後、遅滞なく、これを家庭裁判所に提出して、その検認を請求しなければならない。」と定められています。**検認**とは、相続人に対して遺言が存在すること、およびその内容を知らせるものです。

1 遺言書の作成方法（改正の要点）

上記の自筆証書の作成において、新法 968 条では以下のように改正されました。

「1　自筆証書遺言によって遺言をするには、遺言者が、その全文、日付及び氏名を自書し、これに印を押さなければならない。

2　前項の規定にかかわらず、自筆証書にこれと一体のものとして相続財産（第 997 条第 1 項に規定する場合における同項に規定する権利を含む。）の全文又は一部の目録を添付する場合には、その目録については、自書することを要しない。この場合において、遺言者は、その目録の**毎葉**（自書によらない記載がその両面にある場合にあっては、その両面）に署名し、印を押さなければならない。」

つまり、新法では財産目録の部分については自書することを要しないものとされ、他人に代筆してもらっても、パソコンで作成したものでも有効と改正されました。

また、不動産の**登記事項証明書**を目録として添付したり、預金の内容を記載する代わりに預金通帳の表紙などのコピーを添付してもよいことになりました。

ただし、手書きではない目録を遺言書に添付する場合には、その目録の各ページに署名と押印をしなければなりません。これがないと遺言が無効にもなりかねません。

●法務局で保管

旧法では自筆遺言証書は遺言者自らが保管することによる紛失、改ざんなどのリスクがありました。

新法では、これを避けるため、自筆証書遺言を法務局で保管してもらうことが可能となりました。その方法は、遺言者の住所地か本籍地あるいは所有不動産の所在地を管轄する**遺言書保管所**の「**遺言書保管官**」に対し、保管の申請をすることになります。

この制度を利用すると、家庭裁判所での検認手続きが不要となります。

●遺言書保管申請の仕方

保管申請にあたっては、遺言者自身が作成した遺言書であることを遺言書保管官が確認するため、本人の出頭が義務付けられています。

また、申請する際は封のしていない自筆証書遺言を持参しなければなりません。そして、申請手続きが終わると、遺言書の氏名、生年月日、遺言書保管所、保管番号などが記載された**保管証**が渡されます。

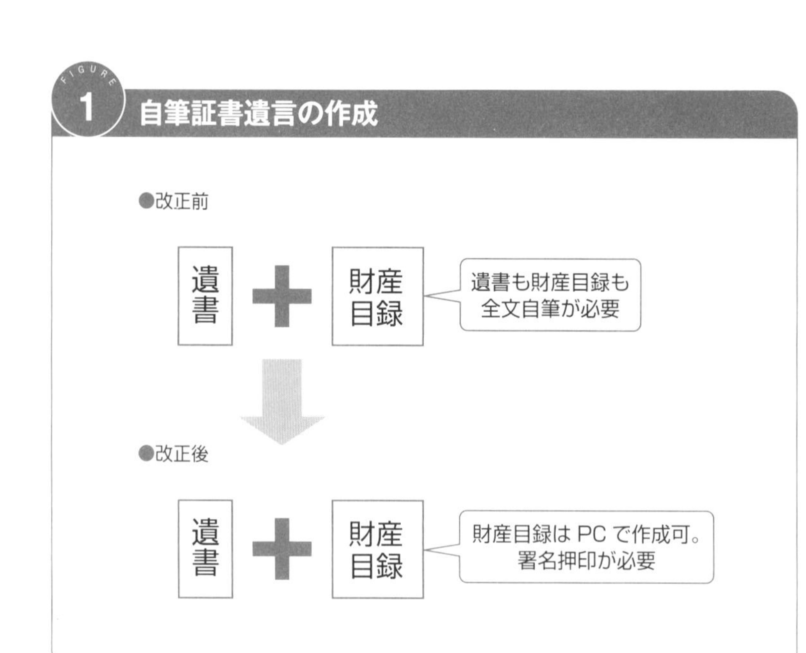
FIGURE
1
自筆証書遺言の作成
●改正前
遺書
財産目録
遺書も財産目録も
全文自筆が必要
●改正後
遺書
財産目録
財産目録は PC で作成可。
署名押印が必要

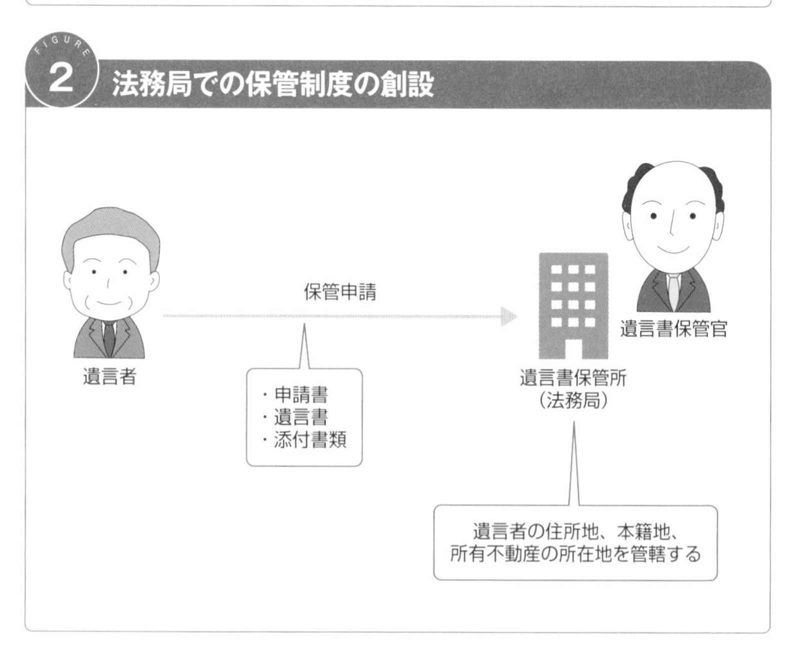
FIGURE
2
法務局での保管制度の創設
保管申請
遺言者
・申請書
・遺言書
・添付書類
遺言書保管官
遺言書保管所
(法務局)
遺言者の住所地、本籍地、
所有不動産の所在地を管轄する

CHAPTER 3

2 自筆証書遺言の変更と遺言書情報証明書の申請

相続人や相続執行者などの関係相続人だけが、申請して知ることができる遺言情報です。

いったん保管所に保管された遺言書の内容を変更したい場合は、どうすればいいのでしょうか。

1 自筆証書遺言の変更（改正の要点）

自筆証書遺言の内容を変更する場合は、旧法と同じです。

新法でも、遺言の文面に加除その他の変更・訂正を行う場合は、遺言者がその場所を指示し、変更した旨を付記してその部分に署名し、その変更の場所に押印することが必要です。これは目録の変更についても同様です。ただし、財産目録を添付した場合は、旧法と異なり目録に加筆訂正する部分は自筆でなくてもかまいません。

2 遺言書情報証明書の申請

遺言書保管制度では、相続開始後、自動的に保管所から相続人らに遺言書の保管について通知するようなシステムにはなっていません。

下記の相続人らが遺言書の有無を保管所に確認する必要があります。

まず、保管所に遺言書の**閲覧請求**をする、あるいは遺言書の内容の証明書を申請する方法によって遺言書の内容を確認します。

遺言書は**保管ファイル**に記録されますが、その記録されている事項を証明した書面を「**遺言書情報証明書**」といいます。

遺言書情報証明書の交付申請ができるのは、遺言書に記載された「**関係相続人**」といわれる次の人たちです。

・遺言者の相続人
・受遺者
・遺言執行者等

ただし、受遺者の場合は民法第994条によれば、遺言者より先に受遺者が死亡したときはその効力が生じないとされるので、受遺者の相続人からの請求であったときは、遺言書保管官は遺言者と受遺者の死亡の先後を審査することとなります。

●申請の請求書・書類

関係相続人等は、その旨を記載した法務省令で定める**請求書**および**書類**を添付して遺言書保管官に**提出**しなければなりません。

3 関係遺言書保管通知

関係遺言書保管通知は、遺言書保管所に保管されている遺言書について、遺言者の死亡後、関係相続人等が（1）その遺言書を閲覧したり、(2)遺言書情報証明書の交付を受けたときに（以下合わせて「閲覧等」といいます)、遺言書保管官がその他の関係相続人等に対して、遺言書保管所に遺言書が保管されている旨を通知するというものです。

これにより、その他のすべての関係相続人等に、遺言書が保管されていることが伝わることとなります。

ただし、関係相続人等のうちの誰かが閲覧等をしなければ、仮に相続が開始した（遺言者が死亡した）としても、この通知は実施されません。

CHAPTER 3

3 遺言執行者の権限・地位と責務

遺言執行者とは、遺言者の意思に従って遺言の内容をそのとおり実現させる人のことです。

遺言執行者とは、「遺言の内容が実現するように相続財産管理や遺言の執行に必要な一切の行為をする人」のことをいいます。遺言執行者は、**遺言で指定**されるか、**家庭裁判所によって選任**された人が就任することになります。なお、未成年者と破産者は遺言執行者にはなれません。

旧法では遺言執行者の法的地位については「相続人の代理人とみなす。」と規定されていましたが、その規定内容は明確ではありませんでした。また、「遺言執行者は、相続財産の管理その他の遺言の執行に必要な一切の行為をする権利義務を有する。」とされていましたが、その権限や責任がどこまで及ぶのか明らかではありませんでした。しかも遺言の内容によっては相続人に不利益な行為をしなければならないこともあり、条文との乖離（かいり）も指摘されていました。

たとえば、被相続人Aには子Bがいて、Aの遺言書に「自分の不動産は第三者のCに遺贈する。Yを遺言執行者に指定する。」と記載されていた場合、遺言執行者Yは相続人Bの代理であるのに、YがCへの遺贈の手続きをすると、Bに対して不利益となります。これが問題とされていました。

ワンポイント

遺言執行者の費用

遺言執行の費用は相続財産から負担することが民法で定められています。具体的には遺言執行者の報酬のほか各種手続きの費用です。

1 遺言執行者の権限の明確化（改正の要点）

前記のように、旧法では遺言執行者の権限は明確ではありませんでした。ところが新法 1015 条では「遺言執行者は相続人の代理人」とした規定を削除し、「遺言執行者がその権限内において**遺言執行者であることを示してした行為**は、相続人に対して直接にその効力を生ずる。」と規定しました。これは、「遺言執行者であることを示してした行為」とあるように、相続関係人に対して遺言執行者の権限を明確にしたものです。

また、新法 1012 条 1 項では「遺言執行者は、遺言の内容を実現するため、相続財産の管理その他遺言の執行に必要な一切の行為をする権利義務を有する。」とあり、遺言執行者の責務が「遺言の内容を実現すること」にあることが明文化されました。

●遺贈の履行は遺言執行者のみが行える

遺言で相続人以外の者への遺贈がある場合には、遺言執行者がいなければ相続人が遺贈の履行をします。しかし、今回の改正で、遺言執行者がいる場合は遺贈の履行は遺言執行者だけが行うことができ、相続人には遺贈の権限がなくなることが明文化されました。

第三者が相続不動産の遺贈登記を行う場合、登録義務者である相続人の協力が得られにくいので、遺言執行者が代わって行っている。

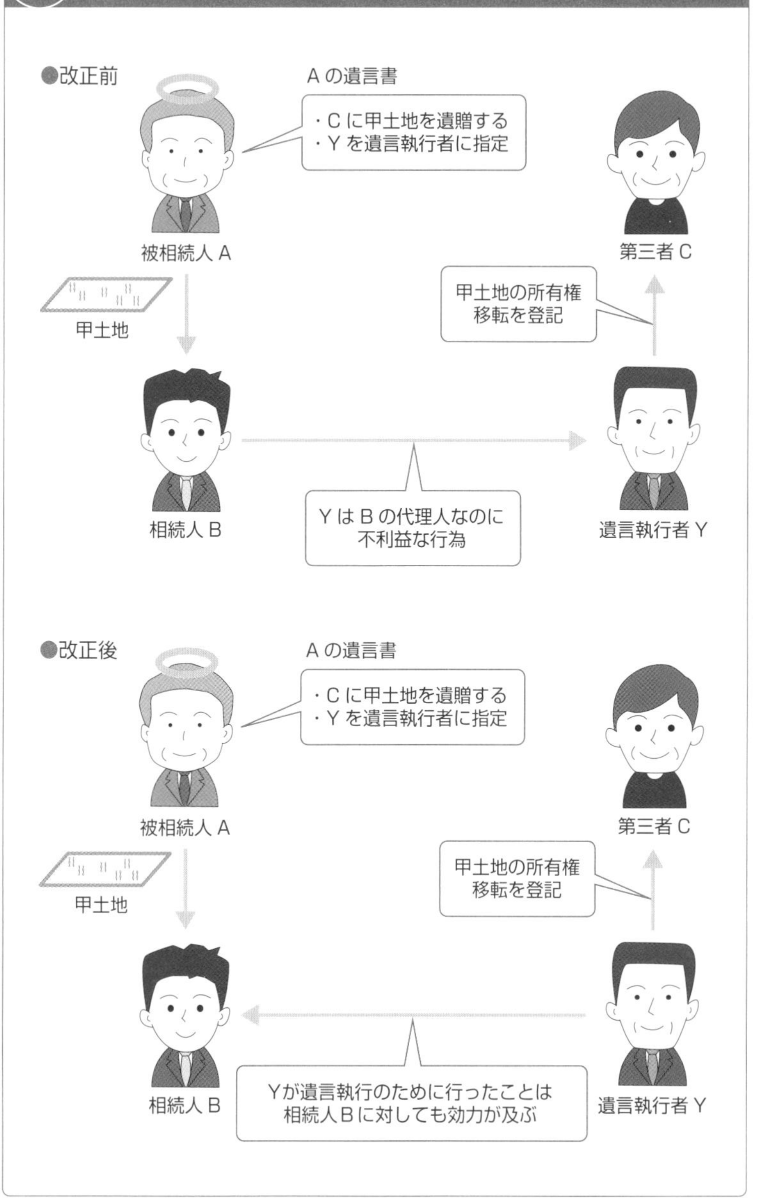
FIGURE
3
遺言執行者の権限・地位と債務
●改正前
Aの遺言書
・Cに甲土地を遺贈する
・Yを遺言執行者に指定
被相続人A
甲土地
相続人B
Yは Bの代理人なのに
不利益な行為
遺言執行者Y
甲土地の所有権
移転を登記
第三者C
●改正後
Aの遺言書
・Cに甲土地を遺贈する
・Yを遺言執行者に指定
被相続人A
甲土地
相続人B
Yが遺言執行のために行ったことは
相続人Bに対しても効力が及ぶ
遺言執行者Y
甲土地の所有権
移転を登記
第三者C

遺言執行者の相続関係人に対する遺言内容の通知義務

遺言執行者が遺言執行を開始する際には、相続関係人に遺言の内容を通知する必要があります。

従来、遺言執行者の権限は明確ではなかったため、遺言執行者の就任にあたって相続関係人への通知は特別に必要とされませんでした。

また、遺言執行者がいなくても相続人が遺贈等の履行をしていました。ただ、相続人以外の第三者への遺贈の場合、相続人との利害関係が絡むだけに問題点も指摘されていました。

その他、相続人の中には遺言書の存在を知らずに相続財産を勝手に処分したり、遺留分侵害額請求権の行使をしないケースもありました。

1 遺言内容の通知義務（改正の要点）

しかし、新法1007条2項で「遺言執行者は、その任務を開始したときは、遅滞なく、遺言の内容を相続人に通知しなければならない。」と規定されました。

すなわち、新法では、**遺言執行者は遺贈等の履行義務**を負うことになるので、相続人にとって遺言執行者がいるかどうかは利害関係に影響を及ぼす大きな問題です。それゆえ**相続関係人全員へ通知**する必要があります。

これによって、上記のような相続人の勝手な財産処分を回避したり、遺留分侵害請求権の行使の機会を与えたりすることができます。

また、条文では通知するのは「**遺言の内容**」とされていますが、通知自体が遺言執行者に就任して行うものであるため、就任した旨も相続関係人へ通知していることになります。

通知の範囲として、相続人に対しては、その全員に通知を行うことが望ましいとされています。遺留分を有しない相続人であっても、民法は遺留分の有無で遺言執行者の権利義務に区別を設けていないため、通知の対象から除外すべきではないとされています。

FIGURE 4 通知が必要な相続関係人

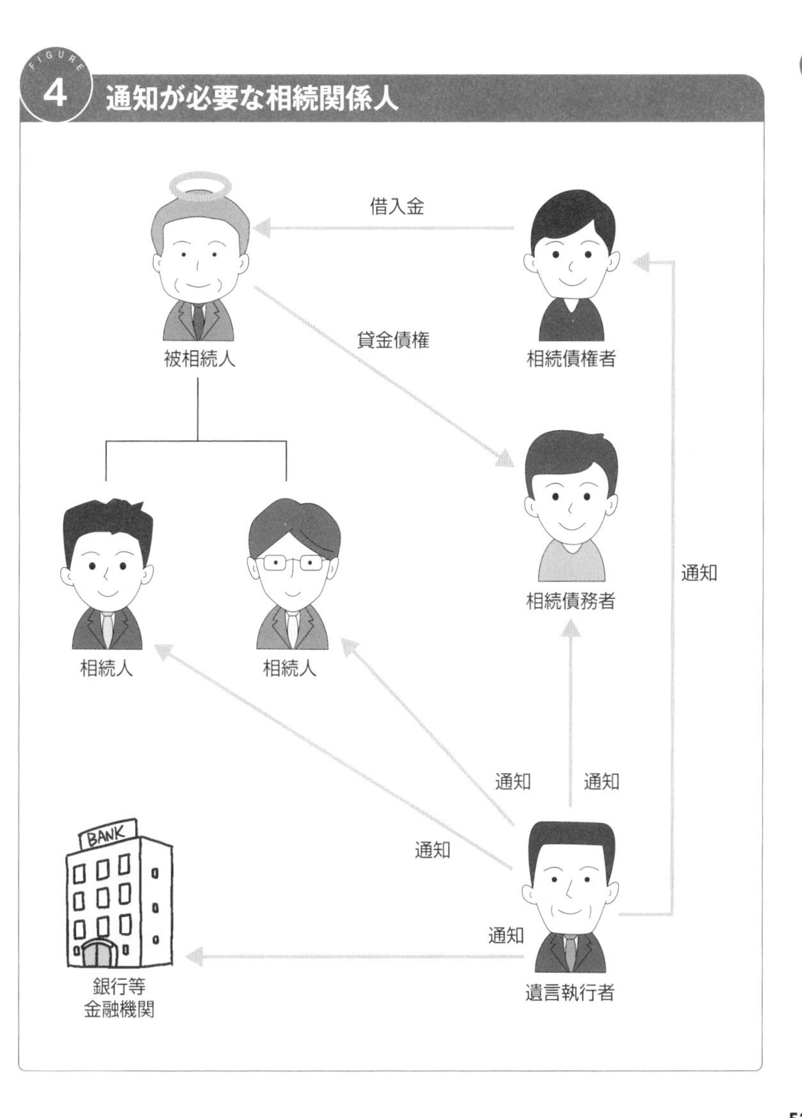

遺言執行者による特定財産承継遺言の扱い

特定財産承継遺言による相続において、遺言執行者は第三者への対抗要件を備える登記申請を行うことができます。

特定財産承継遺言とは、**特定の相続財産を相続人の１人または数人に承継**させる、**遺産分割方法の指定**を定めた遺言のことをいいます。

たとえば、Ｂという相続人に、自分の財産のうち甲土地という特定の財産を相続させることがこれに該当します。財産の半分といった一定割合、あるいは全財産をＡに相続させる旨の遺言は、特定財産承継遺言には当たりません。

特定財産承継遺言のメリットは、すべての財産について、それぞれ特定の相続人に「**相続させる**」旨の遺言書を残しておけば、相続人は遺産分割協議が不要なことです。また、相続財産が不動産である場合には、その不動産の相続を指定された相続人が、単独で名義変更を行うことができます。

1 特定財産承継遺言（改正の要点）

特定財産承継遺言には、以下の場合があります。

①不動産について、特定財産承継遺言がされた場合

従来、遺言による不動産の承継では受益相続人が直接相続するため、その取得を債権者などの第三者へ対抗するための登記は必要ありませんでした。このとき、不動産の名義が被相続人の場合、遺言執行者は登記申請をすべき権利も義務も有さないとされていました。

しかし、新法1014条２項では、遺言で別段の意思表示がない限り、遺言執行者は法定相続分を超える部分について対抗要件を備える登記申請ができることとなりました。

遺言執行者の預貯金の払戻し・解約の権限

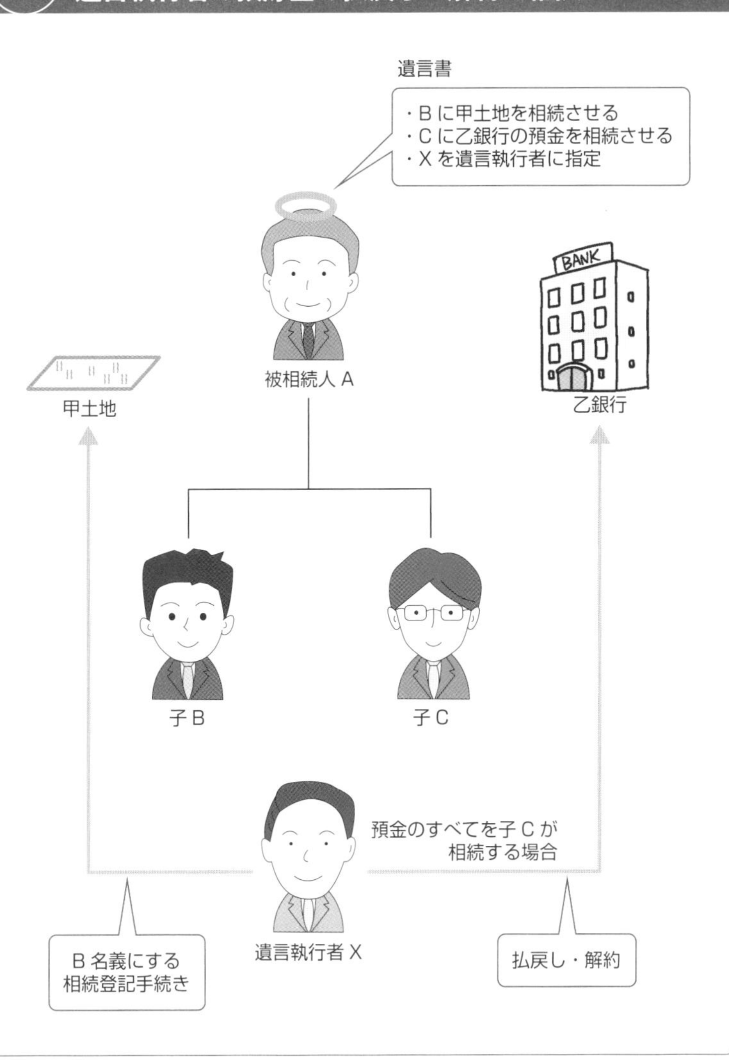

②預貯金について、特定財産承継遺言がされた場合

新法1014条3項では、「前項の財産が預貯金債権である場合には、遺言執行者は、同項に規定する行為のほか、その預金又は貯金の払戻しの請求及びその預金又は貯金に係る契約の解約の申入れをすることができる。ただし、**解約の申入れ**については、その預貯金債権の全部が特定財産承継遺言の目的である場合に限る。」とされています。

つまり、預貯金が特定財産承継遺言の対象財産である場合、遺言執行者は通知・承諾といった第三者に対して権利取得を主張できる行為のほか、預貯金の払戻しの請求や解約の手続きをする権限が認められました。ただし、遺言書の中で「払戻しや解約の権限は与えていないものとする。」と別段の意思表示がされている場合は、これらの権利はありません。

改正法のもとでは、遺言執行者は、預貯金について特定財産承継遺言がされた場合、通知・承諾といった債権の対抗要件具備行為、預貯金の払戻しの請求およびその預貯金にかかる契約の解約の申入れができるものとされました。

ただし、解約の申入れについては、その預貯金債権の全部が特定財産承継遺言の目的である場合に限られます。

たとえば、被相続人のAには子のBとCがいて亡くなりました。その遺言書には「私が有する甲土地は子のBに、乙銀行の預金のすべてを子のCに相続させる。Xを遺言執行者とする。」と記載されていました。

しかし、これが「Cには預金の半分を相続させる」という遺言の場合には、遺言執行者は乙銀行の預金全体の解約はできませんが、半分の額だけの払戻しができます。

特定財産承継遺言とは

たとえば「自宅を長男に相続させる」といった、特定の財産を特定の相続人に承継させる遺言のことです。

遺言執行者の復任権

遺言執行者の復任権とは、遺言者から選任された遺言執行者がその任務を第三者に行わせることです。

旧法では、遺言執行者は**相続人の代理人**とみなされていましたが、実務では**遺言者の意思**によって任務を執行していましたから**任意代理人**に近いと考えられていました。そのため、遺言執行者はやむを得ない事由があるとき、または遺言で復任を認められた場合を除き、第三者にその任務を行わせることはできませんでした。

しかし、現実には遺言者による選任の場合、法律知識に欠けるなど適任でない人が就任することも多くありました。そのため、遺言執行者が弁護士などの専門家に履行補助を依頼するケースも見られました。

たとえば、被相続人Aがいて弟のBを遺言執行者に指定して亡くなりました。遺言では、借地人Dに賃貸期限がとっくに過ぎている土地の明け渡しを求めていました。Bは遺言の執行手続きについての法的知識がないことから、専門家Cに遺言の執行のすべてを任せることにしました。この場合、BはCを**復代理人**として遺言執行のすべてを委任することができませんでした。

遺言執行者とは、被相続人が信頼している人を指定するか、家庭裁判所が選ぶものであるため、第三者に任せることには抵抗があった。

遺言執行者の復任権

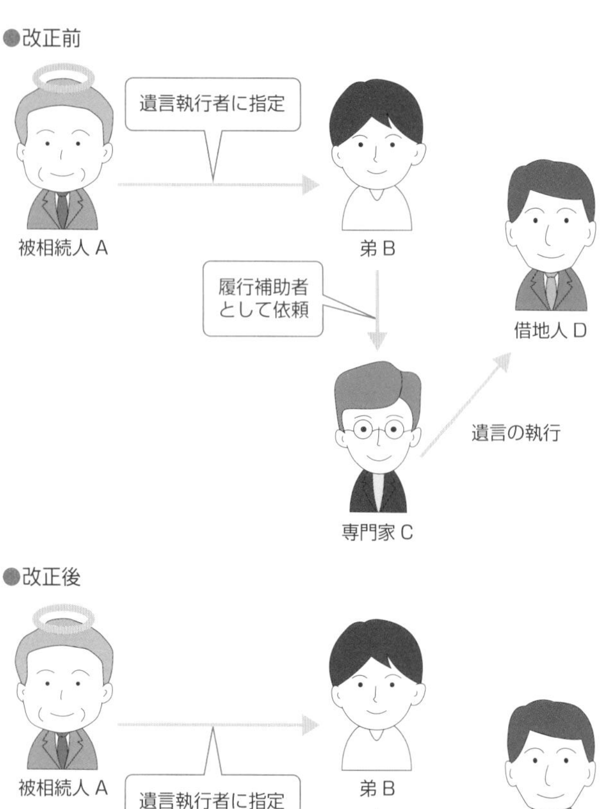
●改正前
遺言執行者に指定
被相続人 A
弟 B
履行補助者
として依頼
借地人 D
遺言の執行
専門家 C
●改正後
被相続人 A
弟 B
遺言執行者に指定
復代理人
として選任
借地人 D
遺言の執行

ただし、A が遺言で遺言執行者 B
による自己執行を求めた場合、B
は遺言執行を C に委ねることはで
きない
専門家 C

1 遺言執行者の復任の許可（改正の要点）

しかし、新法では1016条1項で「遺言執行者は、自己の責任で第三者にその任務を行わせることができる。」とし、さらに1016条2項で「第三者に任務を行わせることについてやむを得ない事由があるときは、遺言執行者は、相続人に対してその選任及び監督についての責任のみを負う。」とされました。

これにより、遺言執行者は、遺言による復任の禁止がなければ、自ら執行しないことができ、復任を許可する遺言や、やむを得ない事由がなくても、自己の責任において第三者を復代理人としてその任務を行わせることができることとなりました。

なお、遺言執行者が第三者にその任務を行わせる場合には、遺言執行者は相続人に対し、第三者の選任および監督について責任を負うものとされました。

前述の例の場合、遺言執行者Bから復代理人として選任されたCは遺言執行のすべてを行うことができます。ただし、Aが遺言において遺言執行者Bによる自己執行を求めた場合、Bは遺言執行をCに委ねることはできません。

新法では、遺言執行者の復任権について言及されていない遺言でも、原則、第三者に遺言執行を任せることになった。

遺言執行の妨害

遺言執行者がいる場合、相続人は遺言の執行を妨害するような行為は一切禁止されます。

遺言の執行の妨害について、旧法では「遺言執行者がある場合には、相続人は相続財産の処分その他遺言の執行を妨げるべき行為をすることができない」とされていました。

つまり、遺言執行者がいる場合には、相続人は遺産を勝手に処分するなどの妨害をしてはならないというだけで、相続人が妨害した場合はどうなるのか、明文化されていませんでした。

たとえば、被相続人Aには子のBがいて、遺言には「甲不動産はCに遺贈する。Xを遺言執行者に指定する。」と記載して亡くなりました。しかし、その相続人Bが相続開始時に当該不動産を自己名義に変更し、第三者Dに売却し移転登記まで済ませました。本来、当該不動産はCに遺贈されたので、相続人Bの行為は遺言の**執行妨害**となります。

その場合、相続人Bから譲渡された譲受人Dの権利はどうなるのでしょうか。従来は遺言執行者の有無に関係なく譲受人Dが権利を取得することはありませんでした。

1 遺言執行の妨害（改正の要点）

そこで、上記のような遺言の執行妨害については、新法1013条2項、3項に以下の項目が加わりました。

「2　前項の規定に違反してした行為は、無効とする。ただし、これをもって善意の第三者に対抗することができない。

3　前2項の規定は、相続人の債権者（相続債権者を含む。）が相続財産についてその権利を行使することを妨げない。」

すなわちこれは、遺言執行者がいる場合に、相続人が遺言の内容に違反する行為をした場合は無効ですが、一方、第三者である相続債権者は遺言の内容を知らずに取引したのであれば保護されるべきであることを明文化したものです。

したがって、先の例では、譲受人Dが遺言の内容を知らずに取引した場合はDの権利は保護されるべきで、受遺者Cと譲受人Dは対抗関係となり、先に登記した方が他方に優先します。

このように、改正法は遺言執行者の法的な地位を明確にしただけで、従来の解釈を変更したものではありません。

FIGURE 7 相続人による遺言執行の妨害

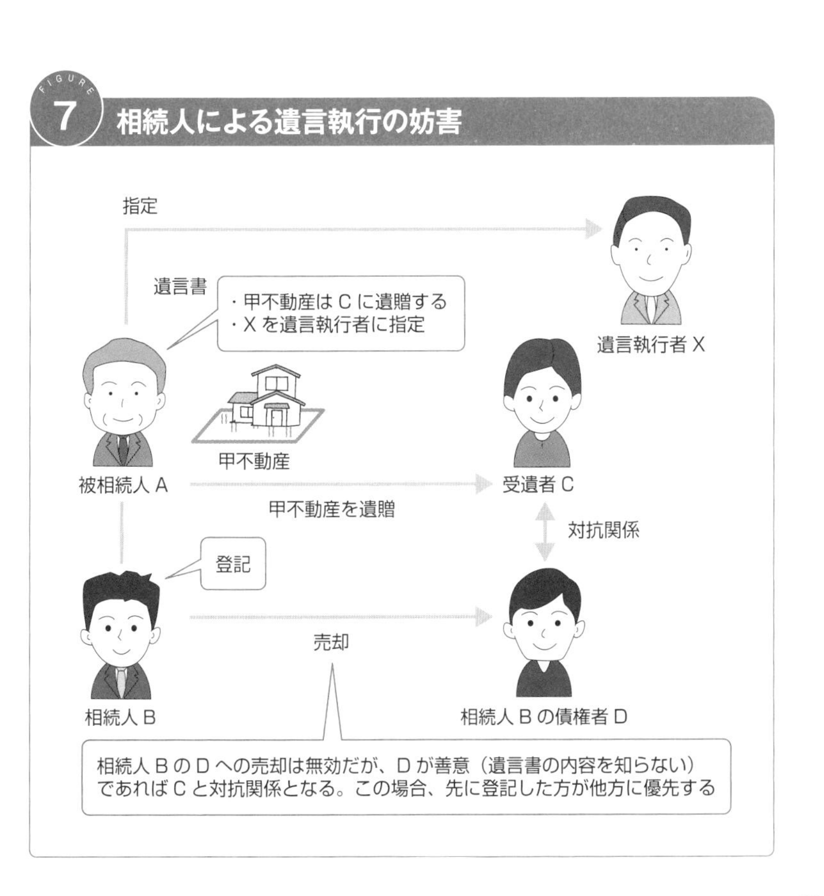
指定
遺言書
・甲不動産はCに遺贈する
・Xを遺言執行者に指定
遺言執行者X
甲不動産
被相続人A
受遺者C
甲不動産を遺贈
対抗関係
登記
売却
相続人B
相続人Bの債権者D
相続人BのDへの売却は無効だが、Dが善意（遺言書の内容を知らない）であればCと対抗関係となる。この場合、先に登記した方が他方に優先する

暦年贈与が定期贈与とみなされると贈与税が課される

暦年贈与では、毎年110万円以内である場合は贈与税の対象とはなりませんが、毎年、同一時期に同一額を贈与すると**定期贈与**とみなされることがあります。

定期贈与とみなされると、贈与の開始時にすべての金額を贈与する意思があったとみなされて、一括して贈与額の合計額に対して贈与税がかかります。

たとえば、毎年100万円ずつ20年にわたって贈与した場合に、**最初から2000万円（100万円×20年）の贈与をする意図があった**ものとみなされ、贈与の初年度にさかのぼって2000万円全額に課税されてしまうものです。

加えて、**無申告加算税**、**延滞税**が課税されます。

そのため、定期贈与とみなされないための具体的な方法があります。

●定期贈与とみなされないための方法

・毎年、異なった時期に異なった金額の贈与とする

・贈与契約書を贈与のつど作成する

・受贈者側が贈与財産を使う

配偶者居住権

配偶者居住権とは、被相続人が所有する建物に居住していた配偶者が、被相続人の死後もその建物に無償で住み続けることができる権利です。

配偶者居住権の要件

配偶者居住権とは、配偶者の一方が亡くなったあと、残された配偶者が、亡くなった配偶者所有の建物にそのまま住み続けることができる権利です。

居住権とは文字どおり「住むことができる権利」をいいます。配偶者居住権とは、配偶者の一方が亡くなったあと、残された方の配偶者が、相続前に住んでいた自宅にそのまま住み続けることができる権利です。

旧法では配偶者が自宅の権利を相続しなかった場合には、権利を相続した人から追い出されたり、また自宅を相続しても、遺産分割により自宅を売却しなければならないケースもありました。

たとえば、相続が開始したとき、被相続人に所有建物（評価額 2000 万円）、預貯金が 1000 万円あり、相続人が配偶者（妻とします）X と子の A・B だった場合、本来の相続分は妻が相続財産の 2 分の 1 すなわち 1500 万円、子は全体で 1500 万円ですから、A・B は 750 万円ずつということなります。ここで子全体の 1500 万円には、被相続人の所有建物の 2 分の 1 である 1000 万円も含まれます。もし、子 A・B が 1000 万円を X に請求すると、X がほかに預貯金などを持っていない限り、この居住建物を売却しなければならなくなります。

そうすると、X には居住する建物がなくなります。これが大きな問題となっていました。

ワンポイント

配偶者居住権の登記

配偶者および建物の所有者が共同で申請するのが原則です。ただし、遺産分割の審判によって配偶者居住権を取得したときは、配偶者は単独で登記申請をすることができます。

1 配偶者居住権の要件（改正の要点）

この点について、新法1028条では次の規定が新設されました。

「被相続人の配偶者（以下この章において単に『**配偶者**』という。）は、被相続人の財産に属した建物に相続開始の時に居住していた場合において、次の各号のいずれかに該当するときは、その居住していた建物（以下この節において『**居住建物**』という。）の全部について無償で使用及び収益をする権利（以下この章において『**配偶者居住権**』という。）を取得する。ただし、被相続人が相続開始の時に居住建物を配偶者以外の者と共有していた場合にあっては、この限りでない。

一　遺産の分割によって配偶者居住権を取得するものとされたとき。

二　配偶者居住権が遺贈の目的とされたとき。

2　居住建物が配偶者の財産に属することとなった場合であっても、他の者がその共有持分を有するときは、配偶者居住権は、消滅しない。」

これにより配偶者に無償の「居住権」が認められました。これが「配偶者居住権」であり、被相続人の生前、一緒に住んでいた家屋に住み続けることができる権利です。

上記の例でいうと、所有建物2000万円を**配偶者居住権**の1000万円と**所有権**の1000万円の2つに分離させます。配偶者は、配偶者居住権1000万円と預貯金500万円の合計1500万円を相続でき、住み続ける権利も保証されることになりました。

これによって、配偶者は、路頭に迷うことがなくなります。この居住権は配偶者が亡くなるまで続きますし、その旨の**登記**をしていれば、第三者にも対抗することができます。

この居住権が認められるには、以下の要件が1つでもあることが必要となります。

・遺産分割（協議・調停・審判）によって、配偶者居住権を取得することが定められたとき
・被相続人（遺言者）が、配偶者居住権を遺贈の目的にしたとき
・被相続人と配偶者とで、配偶者居住権を取得させる旨の死因贈与契約をしたとき

ただし、被相続人が相続開始の時に居住建物を配偶者以外の者と共有していた場合は、X は居住権を取得できません。

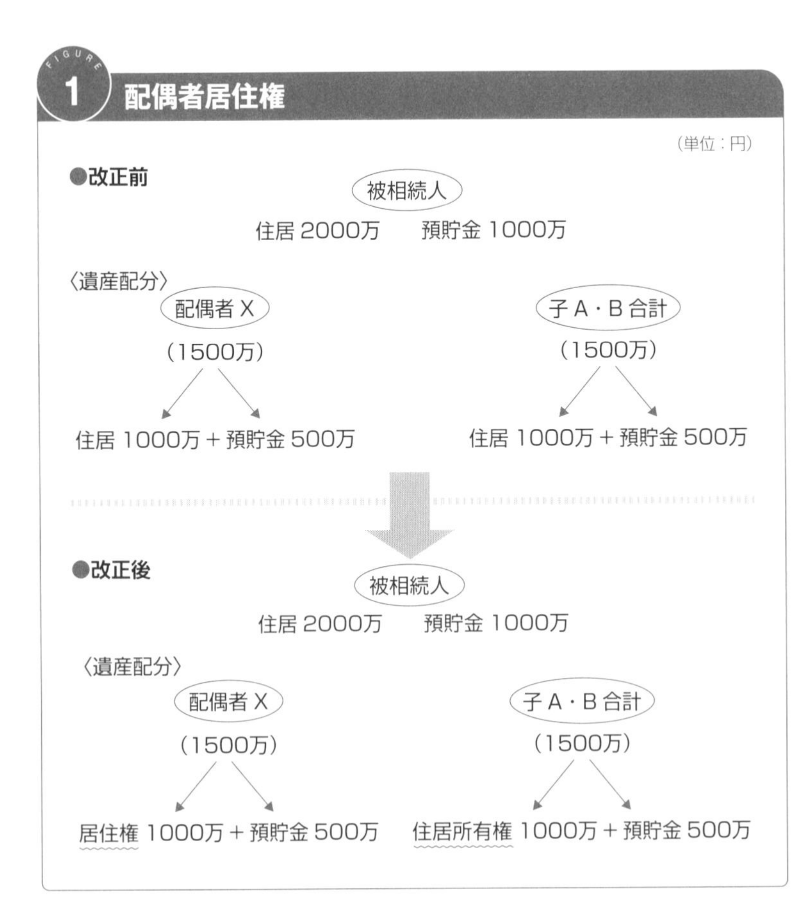

遺贈や死因贈与による配偶者居住権の設定

居住建物について、所有権とは別の権利として配偶者居住権という権利が創設されました。

従来、被相続人が配偶者と居住していた建物であっても、被相続人の単独所有になっているケースが多く、被相続人が亡くなっても配偶者には居住建物についての特別な権利はありませんでした。

そのため、たとえば、被相続人には両親の世話をしてくれた妹がいて、その妹に居住建物を遺贈したいが、配偶者には自分の死後も居住できるようにと考えていた場合です。旧法では、それを可能とする方法としては**負担付遺贈**しかありませんでした。

しかし、配偶者にとっては自宅に住まわせてもらっているという負い目を感じることは事実です。

1 配偶者居住権の設定（改正の要点）

そこで新法では、居住建物の所有権とは別に、新たに「配偶者居住権」という権利が創設されました。

そのため、上記の例でいうと、居住建物の所有権を妹に遺贈するとともに、配偶者居住権を配偶者に遺贈することが可能となりました。

つまり、配偶者には居住建物を無償で使える代わりに、譲渡などの形で処分することはできないという配偶者居住権を認め、安心して家に住めるようにしたのです。

配偶者居住権の存続期間は、原則として配偶者が生きている間（終身）、ということになりますが、遺言などで、より短い期間とすることができます（新法 1030 条）。

また、配偶者居住権は登記することで、居住建物の所有権を取得した第三者にも対抗できます。

ワンポイント

バリアフリー工事には承諾が必要

配偶者居住権のデメリットとして、高齢になった配偶者が改築に当たるバリアフリー工事をしたいと考えても、建物所有者が承諾しない場合、バリアフリー化ができません。

配偶者居住権の第三者対抗要件

配偶者居住権は、賃借権とは異なり、建物の占有ではなく登記のみで、居住建物の買主などの第三者に対抗することができます。

従来、遺産分割か遺言かという財産の相続方法によって、相続の効力に大きな違いがありました。

遺言で受け継いだ財産は登記がなくても、第三者に対抗することができました。しかし、相続債権者にとっては、相続財産の差押え、債権の回収をしようとしてもできないことがあり、問題となっていました。

旧法では、配偶者居住権はありませんでしたので、配偶者の居住権は、賃借権に委ねられていました。つまり、建物賃借権は登記がなくても建物の引渡し、つまり相続開始時にその建物に居住していれば、**買受人**などの第三者に対抗することができました。

しかし、登記が建物の引渡し後であれば、借主は賃借権を買受人に対抗できませんでした。

1 配偶者居住権の第三者対抗要件（改正の要点）

配偶者居住権は、賃借権と同様、登記することが可能であり、居住建物の所有者は配偶者に対し、配偶者居住権の**設定登記**を備えさせる**義務**を負います。そして、登記を備えれば配偶者居住権を第三者に対抗することができることになります。

ただし、賃借権とは異なり、配偶者居住権の対抗要件は登記のみとし、建物の占有を対抗要件とはしていません。

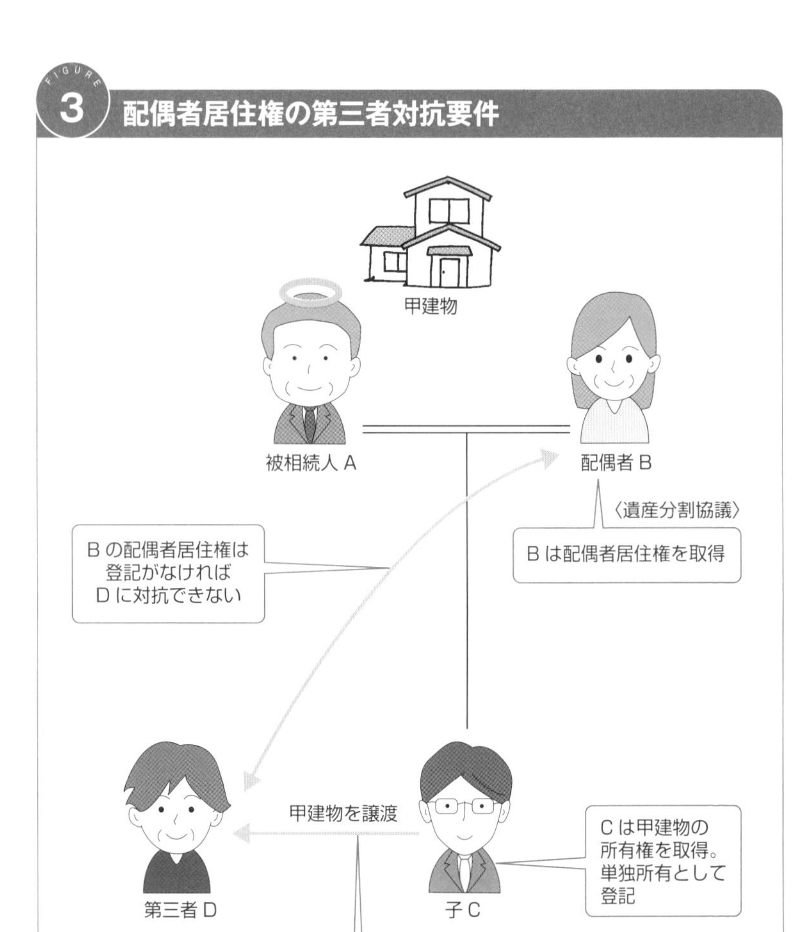
FIGURE
3
配偶者居住権の第三者対抗要件
甲建物
被相続人 A
配偶者 B
〈遺産分割協議〉
B は配偶者居住権を取得
B の配偶者居住権は
登記がなければ
D に対抗できない
第三者 D
甲建物を譲渡
子 C
C は甲建物の
所有権を取得。
単独所有として
登記
・C は配偶者居住権付で甲建物を D に譲渡
・C から D への甲建物の所有権移転登記

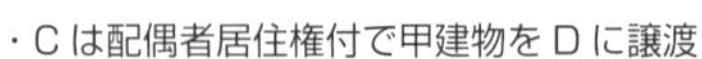
ワンポイント

処分権限のない配偶者居住権

配偶者居住権には建物の処分権限はなく、配偶者が高齢になって居住建物を売却して老人ホームの入居資金にと考えても売却はできません。

配偶者居住権の存続期間

配偶者居住権の期間は原則、終身ですが、期間を限定することも可能です。

旧法には、配偶者居住権という制度がありませんので、亡くなった被相続人の配偶者が居住建物に住み続けるには、居住建物の所有権を取得するか、賃貸借あるいは使用貸借で住むことになります。賃貸借あるいは使用貸借で住む期間については所有権者によります。

1 配偶者居住権の存続期間（改正の要点）

配偶者居住権の存続期間について、新法 1030 条で、この権利の存続期間は、原則として配偶者の終身の間であるが、遺産分割協議、遺言、家庭裁判所の審判において別段の定めがあればその定めによる、とされています。つまり、配偶者居住権の存続期間は配偶者が亡くなるまでとされていますが、遺言や遺産分割において存続期間が定められている場合は、その**期間の満了**により配偶者居住権は**消滅**します。

配偶者居住権に存続期間が定められている場合は、その存続期間に応じて財産評価がなされます。そして、その評価額は配偶者の相続分から控除されることになります。

たとえば、被相続人 A には配偶者 B および死別した先妻の子 C がいて、A が亡くなり、遺産として居住建物 1200 万円と預金 2400 万円が残されました。

B と C の遺産分割協議で、B の配偶者居住権の存続期間を 10 年に限定し、その評価額を 400 万円とすれば、預金 1400 万円を相続することができます。

一方、C は自宅の所有権の評価額 800 万円（1200 万円 − 400 万円）と預金 1000 万円を相続することになります。

ただし、Bの10年という**期間限定の配偶者居住権**の延長はできません。Bが引き続き住む場合は、建物所有者との間で賃貸借か使用貸借の契約して住むことになります。

2 配偶者居住権の存続期間の財産評価

遺産分割協議の相続人間で、配偶者居住権の存続期間を配偶者の終身ではなく期間限定とすることにより、居住権負担付建物の所有権の評価額を高めることができます。

たとえば、相続人間で以下の条件を定めれば、配偶者は配偶者居住権の評価額を下げる代わりに、預貯金の相続持分を多く取得することができます。ただし、被相続人がBに配偶者居住権を遺贈し、存続期間についての定めがなかった場合に限ります。

・Bの配偶者居住権の存続期間を終身ではなく10年に限定し、Bはその評価額400万円と預貯金1400万円を相続
・Cは居住権負担付の所有権の評価額800万円と預貯金1000万円を相続

配偶者居住権の財産評価にあたっては、建物だけでなく土地も利用しているので、その権利も含めて評価すること。

FIGURE 4 配偶者居住権の存続期間の財産評価

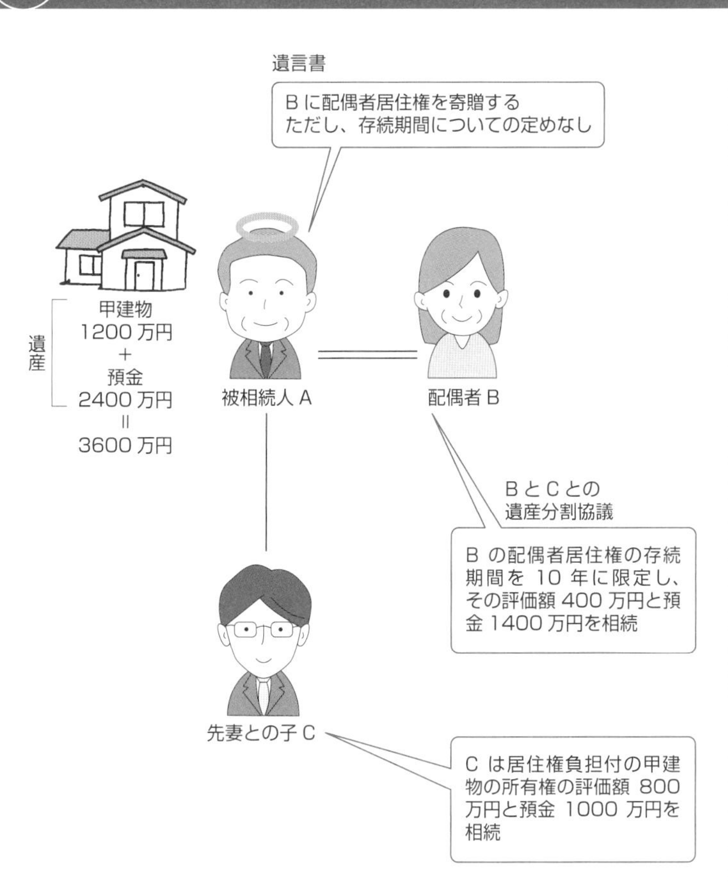
遺言書
Bに配偶者居住権を寄贈する
ただし、存続期間についての定めなし
遺産
甲建物
1200万円
＋
預金
2400万円
＝
3600万円
被相続人A
配偶者B
BとCとの
遺産分割協議
Bの配偶者居住権の存続期間を10年に限定し、その評価額400万円と預金1400万円を相続
先妻との子C
Cは居住権負担付の甲建物の所有権の評価額800万円と預金1000万円を相続

ワンポイント

老人ホームに移ったら

配偶者が配偶者居住権の設定されている建物から老人ホームに移ったとしても、配偶者居住権は消滅しません。

配偶者居住権の使用・収益

配偶者居住権は、居住建物を使用するほか、収益のために供することもできます。

旧法では、配偶者居住権は存在していませんでした。居住建物の使用・収益については、使用貸借契約の規定が適用されますので、所有者の承諾を得なければなりませんでした。

1 配偶者居住権の使用・収益（改正の要点）

配偶者居住権の使用・収益については、新法 1032 条で「配偶者は、**従前の用法**に従い、**善良な管理者の注意**をもって、居住建物の使用及び収益をしなければならない。ただし、従前居住の用に供していなかった部分について、これを居住の用に供することを妨げない。」と規定されています。

つまり配偶者は、従前の用法に従い、より慎重に注意を払う義務を負って居住建物を使用・収益しなければならないということです。

そして、ただし書きについては、たとえば、被相続人 A には配偶者 B と子の C がいて、A が亡くなり自宅兼店舗の建物が残されました。遺言には、「B に配偶者居住権、C には所有権を遺贈する」と記載されていました。

B は現在の居住用スペースが狭かったので、事業用スペースを居住用に変更するのに C の承諾は必要でしょうか。

この場合、配偶者居住権は建物全体に及ぶので、事業スペースを住居用に変更する場合は、所有者の承諾は必要ないということです。逆に、居住用スペースを事務所用スペースに変更する場合は、所有権者の承諾を得なければなりません。

また、居住建物の改築・増築、第三者への使用収益については、新法1032条3項で「配偶者は、居住建物の所有者の承諾を得なければ、居住建物の改築若しくは増築をし、又は第三者に居住建物の使用若しくは収益をさせることができない。」と規定されています。

すなわち配偶者は、居住建物の**所有者の承諾**を得なければ、居住建物の**改築・増築**、および第三者に**使用・収益**させることはできません。

そして、これらについて遵守義務違反があった場合は、居住建物の所有者は、相当の期間を定めて**是正を勧告**し、それができない場合、所有権者は配偶者所有権を**消滅**させることができます。

FIGURE 5 配偶者居住権による使用・収益

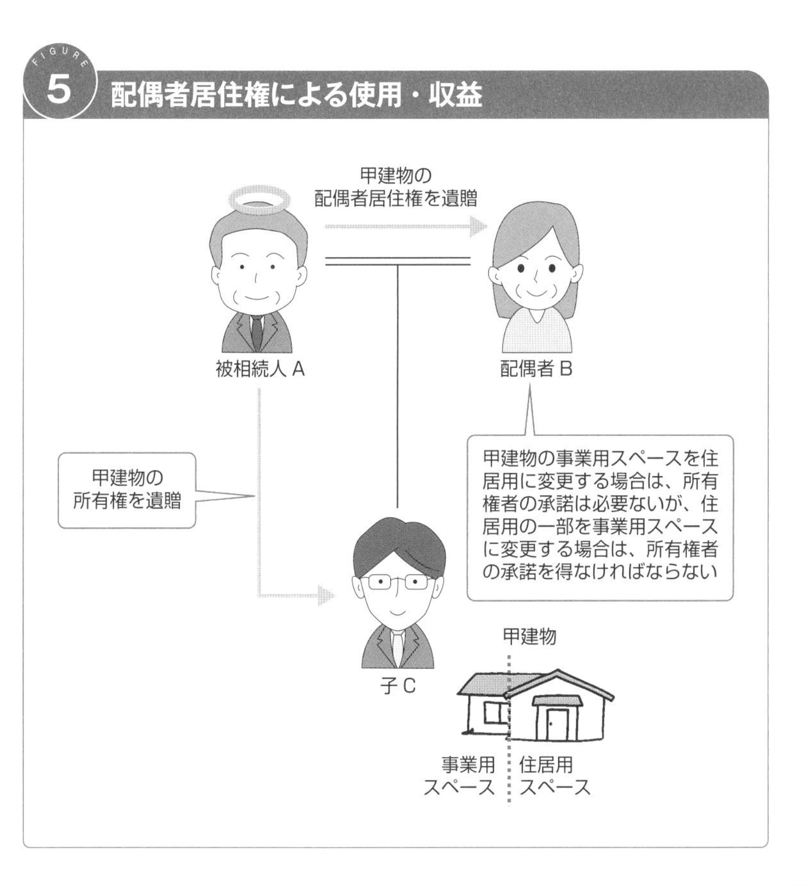
甲建物の
配偶者居住権を遺贈
被相続人A
配偶者B
甲建物の
所有権を遺贈
甲建物の事業用スペースを住居用に変更する場合は、所有権者の承諾は必要ないが、住居用の一部を事業用スペースに変更する場合は、所有権者の承諾を得なければならない
子C
甲建物
事業用
スペース
住居用
スペース

配偶者居住権の譲渡禁止

配偶者居住権は、譲渡はできませんが、所有権者の承諾があれば第三者へ賃貸することができます。

旧法では配偶者居住権に関する規定はなく、被相続人が亡くなったあと、配偶者が居住建物に住むためには使用貸借が認められればそれによりますが、遺産分割で他の相続人が居住建物を所有した場合、金銭で所有権を取得するか賃貸借で住むことになります。

使用貸借でも賃貸借の場合でも、借主の地位を譲渡するためには貸主の承諾が必要です。

1 配偶者居住権の譲渡禁止（改正の要点）

配偶者居住権の譲渡については、新法 1032 条 2 項で「配偶者居住権は、譲渡することができない。」と規定しているように、配偶者居住権の譲渡の禁止を明文化しています。

これは、配偶者居住権はあくまで配偶者の居住の権利を保護するために認められたものであり、そういった性質のものを第三者が取得することは、制度の趣旨に反すると考えられるからです。

なお、譲渡禁止の一方で、新法 1032 条 3 項の規定により、配偶者は、居住建物の所有者の承諾を得れば、居住建物の改築・増築をし、または第三者に居住建物の使用・収益をさせることができます。

すなわち配偶者は、①建物所有者による配偶者居住権の買取りまたは権利の放棄による対価の取得のほか、②建物所有者の承諾があれば第三者へ賃貸することができます。

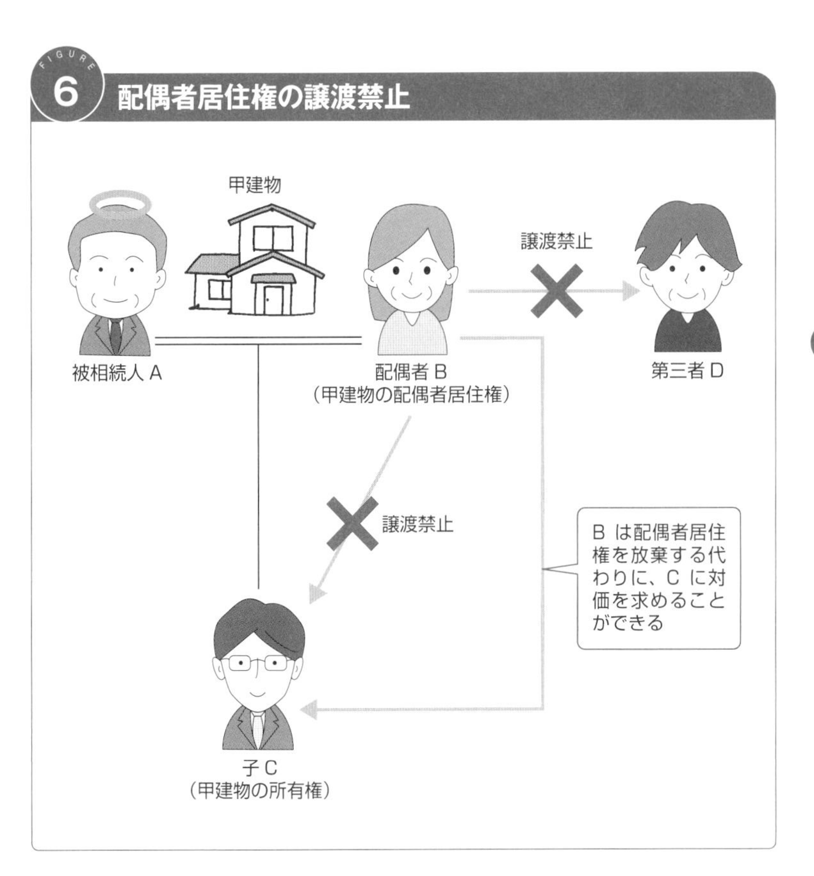
FIGURE
6
配偶者居住権の譲渡禁止
甲建物
被相続人 A
配偶者 B
（甲建物の配偶者居住権）
譲渡禁止
第三者 D
譲渡禁止
B は配偶者居住権を放棄する代わりに、C に対価を求めることができる
子 C
（甲建物の所有権）

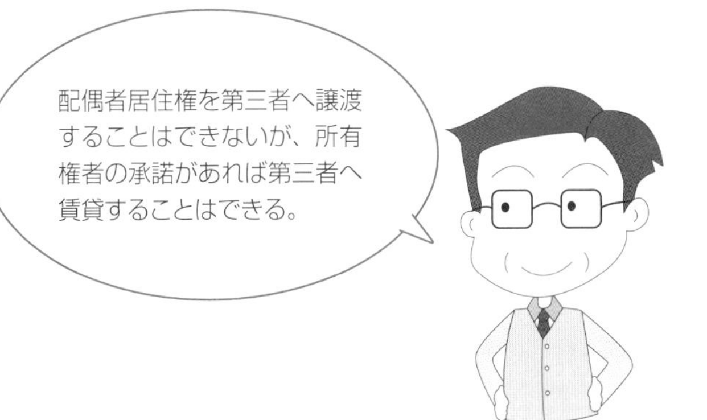
配偶者居住権を第三者へ譲渡することはできないが、所有権者の承諾があれば第三者へ賃貸することはできる。

配偶者居住権と建物の修繕等

配偶者の負担で、居住建物の使用・収益に必要な修繕を行うことができます。

旧法には、配偶者居住権についての規定はありません。居住建物の修繕については、賃貸借では賃貸人が修繕義務を負い、賃借人である配偶者が自由に修繕することはできませんでした。

ただし、賃借人が修繕の必要性を賃貸人に通知しても、賃貸人が相当期間内に必要な修繕をしない場合は、賃借人である配偶者が自ら修繕できるとされています。

1 配偶者居住権と建物の修繕（改正の要点）

居住建物の修繕については、新法1033条1項で「配偶者は、居住建物の使用及び収益に必要な修繕をすることができる。」と規定されています。

つまり、**第一次的な修繕権***が配偶者に認められました。また、新法1033条2項で「居住建物の修繕が必要である場合において、配偶者が相当の期間内に必要な修繕をしないときは、居住建物の所有者は、その修繕をすることができる。」と規定されています。

すなわち、修繕が必要な場合で配偶者が修繕をしないとき、あるいは相当の期間内に修繕をしないときは、所有者がその修繕することができるとされました。

配偶者が自ら修繕しない場合、所有者に対して修繕の必要性を**通知する義務**が規定されています。

*第一次的な修繕権　配偶者が居住建物の使用および収益に必要な修繕をすることができるという権利で、修繕しなくても使用・収益ができる場合は、賃貸人は修繕義務を負いません。

●居住建物の費用の負担

配偶者は、居住建物の通常の必要費を負担しなければなりません。「**通常の必要費**」の例としては、小修繕にかかる費用や住民税などの公租公課が挙げられます。「通常の必要費」以外の支出については、所有者が経費を負担します。

また、配偶者が建物の利便性を高めるために行った特別の費用などは、所有者の選択により、所有者に支出額または増加額を請求できます。

FIGURE 7 配偶者居住権と建物の修繕等

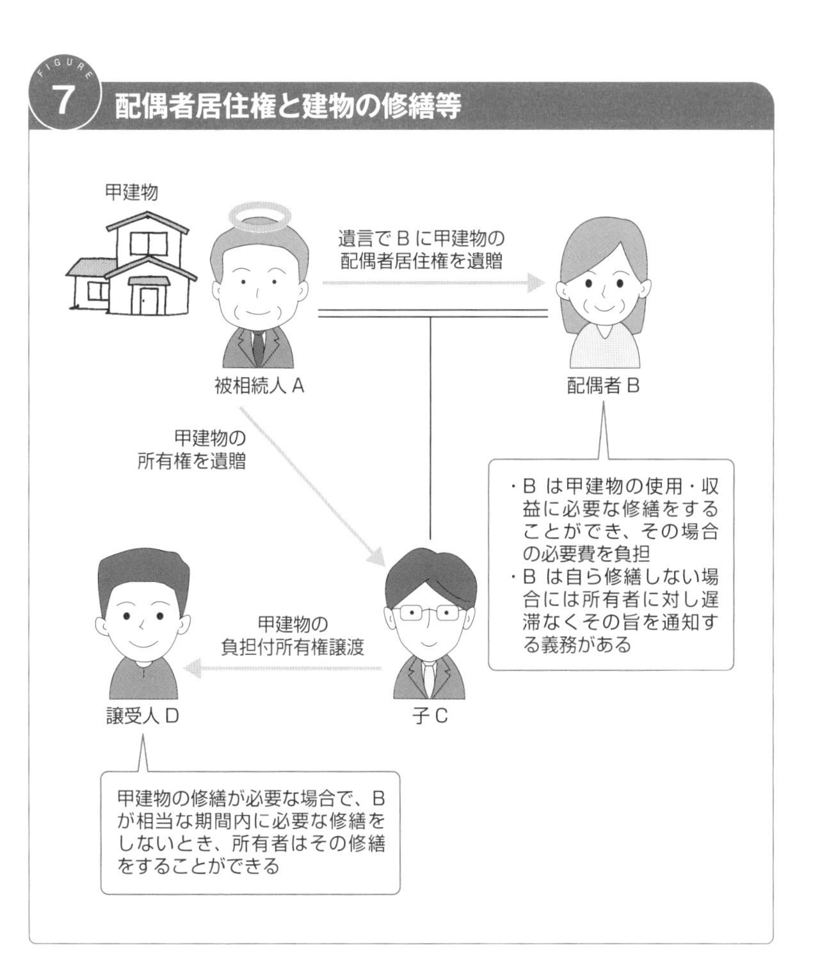
甲建物
遺言でBに甲建物の
配偶者居住権を遺贈
被相続人A
配偶者B
甲建物の
所有権を遺贈
・Bは甲建物の使用・収益に必要な修繕をすることができ、その場合の必要費を負担
・Bは自ら修繕しない場合には所有者に対し遅滞なくその旨を通知する義務がある
甲建物の
負担付所有権譲渡
譲受人D
子C
甲建物の修繕が必要な場合で、Bが相当な期間内に必要な修繕をしないとき、所有者はその修繕をすることができる

配偶者居住権の消滅時効

配偶者居住権は配偶者の死亡のほか、建物の滅失、期間満了などによっても消滅します。

旧法には配偶者居住権は存在しませんが、借主の**居住権の消滅**については**使用貸借**と**賃貸借**という契約の規定があります。

使用貸借や賃貸借の契約では、借主の居住権は以下の場合に消滅することになります。

賃貸借の場合は、①**存続期間の満了**、②**解約の申入れ**、③**特別規定による解除で終了**します。一方、使用貸借の場合は、当事者間で使用貸借期間を定めたときは期間満了で終了し、期間を定めないで使用および収益の目的を定めたときは、借主がその目的に従い使用および収益を終えることで終了します。これを定めなかったときは、いつでも貸主は返還請求ができます。

1 配偶者居住権の消滅（要点の改正）

配偶者居住権は、以下の事由によって消滅することになります。

①存続期間の満了

配偶者居住権の期間が定められていた場合は、当該期間の満了により配偶者居住権は消滅します。

②配偶者相続人の死亡

配偶者相続人が死亡した場合は、存続期間の満了前であっても配偶者居住権は消滅します。

③配偶者相続人による用法遵守義務違反

配偶者相続人は、従来の用法に従い、善良な管理者の注意をもって居住建物を使用・収益する義務がありますが、当該義務違反があれば居住建物の所有者の催告を経て、配偶者居住権は消滅します。

④配偶者相続人の無許可増改築・第三者使用収益

配偶者相続人は居住建物の所有者の承諾を得なければ、居住建物の増改築だけでなく、第三者に使用・収益させることもできません。それらを所有者の承諾なくして行うと、居住建物の所有者の催告を経て、配偶者居住権は消滅します。

⑤居住建物の全部滅失

居住建物の全部が、滅失その他の事由により使用・収益をすることができなくなった場合には、配偶者居住権は消滅します。

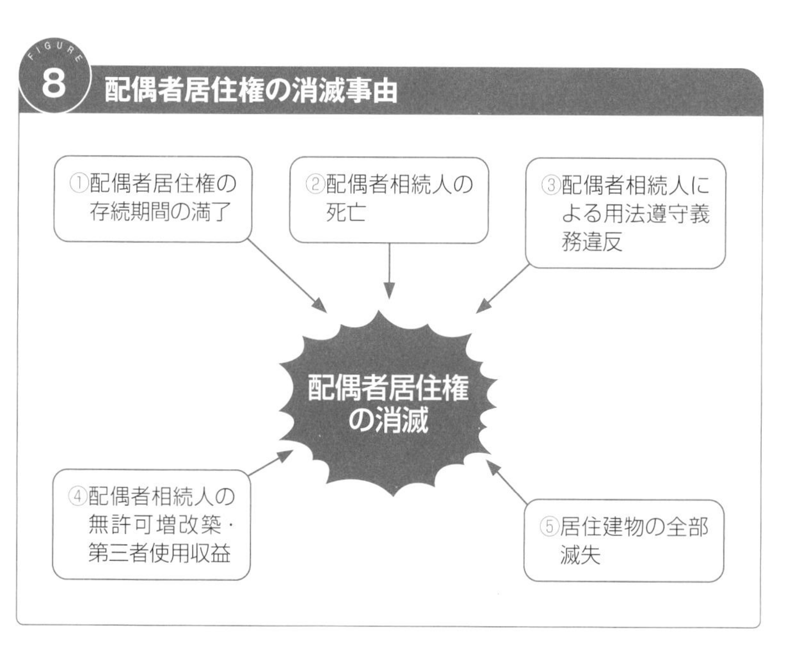

配偶者居住権の消滅と建物返還等

配偶者は、配偶者居住権が消滅したときは所有権者に居住建物を返還する義務があります。

旧法では配偶者居住権はありませんので、配偶者が遺産である建物に居住し続けるには建物の所有権を取得するか、あるいは建物の所有権を取得したほかの相続人との間で使用貸借または賃貸昔借の契約を結ぶことになります。所有権を取得した場合は返還の必要はなくなりますが、使用貸借や賃貸借の場合は、契約が終了したあとに建物を所有者に返還しなければなりません。

1 配偶者居住権の消滅と建物返還等（改正の要点）

新法では、配偶者居住権の消滅と建物返還等について、以下の規定が創設されました。

●居住建物の返還

配偶者居住権の消滅による建物の返還については、新法1035条1項で、「配偶者は、配偶者居住権が消滅したときは、**居住建物の返還**をしなければならない。ただし、配偶者が居住建物について共有持分を有する場合は、居住建物の所有者は、配偶者居住権が消滅したことを理由としては、居住建物の返還を求めることができない。」との規定が新設されました。

つまり、配偶者居住権が消滅したときは、配偶者は所有者に居住建物を返還しなければなりません。しかし、配偶者が居住建物に**共有持分**を有している場合は、配偶者は共有持分に基づいて居住建物を**占有**することができます。

●配偶者による付属物の撤去等

配偶者は、相続開始後にエアコンや収納棚などの自ら が**付属させた物**がある場合には収去する義務および自ら収去する権利があります。ただし、配偶者が付属させた物であっても、分離することができない場合や分離するのに過分な費用を要する場合には、**収去義務**を負わないとされています。

FIGURE 9 配偶者居住権の消滅と建物返還等

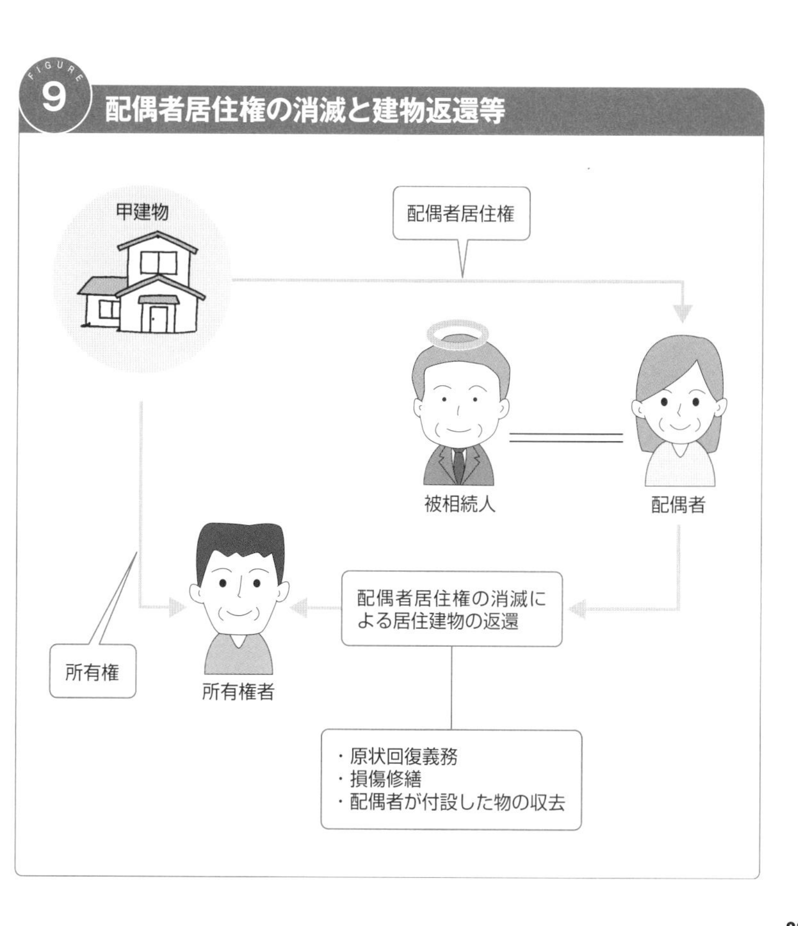

COLUMN

家督相続から遺産相続へ

かつて日本では、「家」を中心とした制度のもと、戸主となる家長がその家を統率するよう取り決められていて、原則、家督および財産は戸主となる長男が1人ですべてを受け継いでいました。

それが1898（明治31）年から1947（昭和22）年までの間は、旧民法により、相続は戸主が相続する「**家督相続**」と戸主以外が相続する「**遺産相続**」の2つに区分されることになりました。現在の遺産相続の制度はこれ以降に施行されたものです。

世界の相続制度も、古い時代の家督相続では長子が承継する制度が多く見られましたが、独特だったのが元の時代のモンゴルです。その家の家督は長子ではなく末子が継ぐ制度です。

当時のモンゴルの遊牧民族は、馬や羊が財産であり、子どもが独立するとそれらの家畜を分け与えました。そして、最後まで残った末子が家督を継ぐというわけです。

他の理由として挙げられるのが、部族間の争いです。当時、婚姻は争いで勝利した側による略奪婚であり、長子は他の部族の血を引いていたり、家長の言うことを聞かないなどの難点があり、家長に従いやすい末子が後継者に選ばれ家督を継いだというわけです。

ちなみにチンギスカンは長子ですが、部族間の争いで成人の男子の後継者がいなかったため、家長になったといわれています。

配偶者短期居住権

配偶者短期居住権は、被相続人が所有する建物に無償で居住していた配偶者が、被相続人の死後もその建物を一定期間、無償で使用できる権利です。

配偶者短期居住権の制度と要件

配偶者短期居住権は、配偶者の居住権を短期的に保護するための制度です。配偶者居住権と異なり収益には使えません。

従来、被相続人が亡くなった場合、居住建物の所有権は相続人の共有になるため、被相続人と同居していた配偶者は相続開始後、他の相続人の相続分に相当するだけの家賃を支払う必要があるとされていました。

判例では遺産の分割が成立するまでの間、配偶者は**使用貸借**として無償でその建物を使用することが認められていましたが、遺贈などで配偶者以外の者が建物の所有権を取得した場合、配偶者は保護されませんでした。

たとえば、被相続人Aには配偶者Bがいて亡くなり、遺言にはAの所有でBが居住する建物を第三者のCへ遺贈するとの記載がありました。この場合、Bは居住建物を使用する権利がなくなり、居住建物について、Cから居住建物の明け渡しを求められた場合、これに応じるしかありませんでした。

配偶者短期居住権が配偶者居住権と異なる点は、相続開始時に無償で居住していたこと、使用貸借類似の性質があること、対抗要件制度が設けられていないことである。

1 配偶者短期居住権制度の新設（改正の要点）

そこで、新しく配偶者短期居住権という、配偶者の居住建物の使用を保護する制度が創設されました。

新法1037条1項で「配偶者は、被相続人の財産に属した建物に相続開始の時に無償で居住していた場合には、次の各号に掲げる区分に応じてそれぞれ当該各号に定める日までの間、その居住していた建物（以下この節において「**居住建物**」という。）の所有権を相続又は遺贈により取得した者（以下この節において「居住建物取得者」という。）に対し、居住建物について無償で使用する権利（居住建物の一部のみを無償で使用していた場合にあっては、その部分について無償で使用する権利。以下この節において「配偶者短期居住権」という。）を有する。ただし、配偶者が、相続開始の時において居住建物に係る配偶者居住権を取得したとき、又は第891条の規定に該当し若しくは廃除によってその相続権を失ったときは、この限りでない。」と規定されています。

すなわち配偶者短期居住権は、配偶者が被相続人所有の建物に無償で居住していた場合、被相続人が亡くなったあとも、その建物を**無償で一定期間使用**することができる権利です。

先の例では、配偶者Bは居住建物を相続しない場合でも、その居住建物を一定期間は無償で使用することができます。また、建物取得者Cの承諾を得れば、別の人に居住建物を使用させることも可能です。

前章の「配偶者居住権」との違いは、居住期間が**終身ではなく一定期間しか認められていない**点です。また、配偶者居住権には「使用」と「収益」が認められていますが、配偶者短期居住権には「使用」しか認められていません。

配偶者短期居住権が認められるかどうか、その要件をまとめると次ページのようになります。

FIGURE 1 配偶者短期居住権を取得できる要件

・配偶者が内縁ではなく、法律婚の配偶者であること
・配偶者が居住していた建物が、被相続人の遺産であること
・居住建物に配偶者が相続開始時に無償で居住していたこと

ただし、上記の要件を満たしていても、以下の場合は配偶者短期居住権が認められません。

・配偶者が遺言や相続によって居住建物の配偶者居住権を取得したとき
・配偶者に相続欠格事由がある場合
・配偶者が廃除された場合

配偶者短期居住権で収益権限が認められないのは、配偶者の居住の権限を保護することを目的としているから。

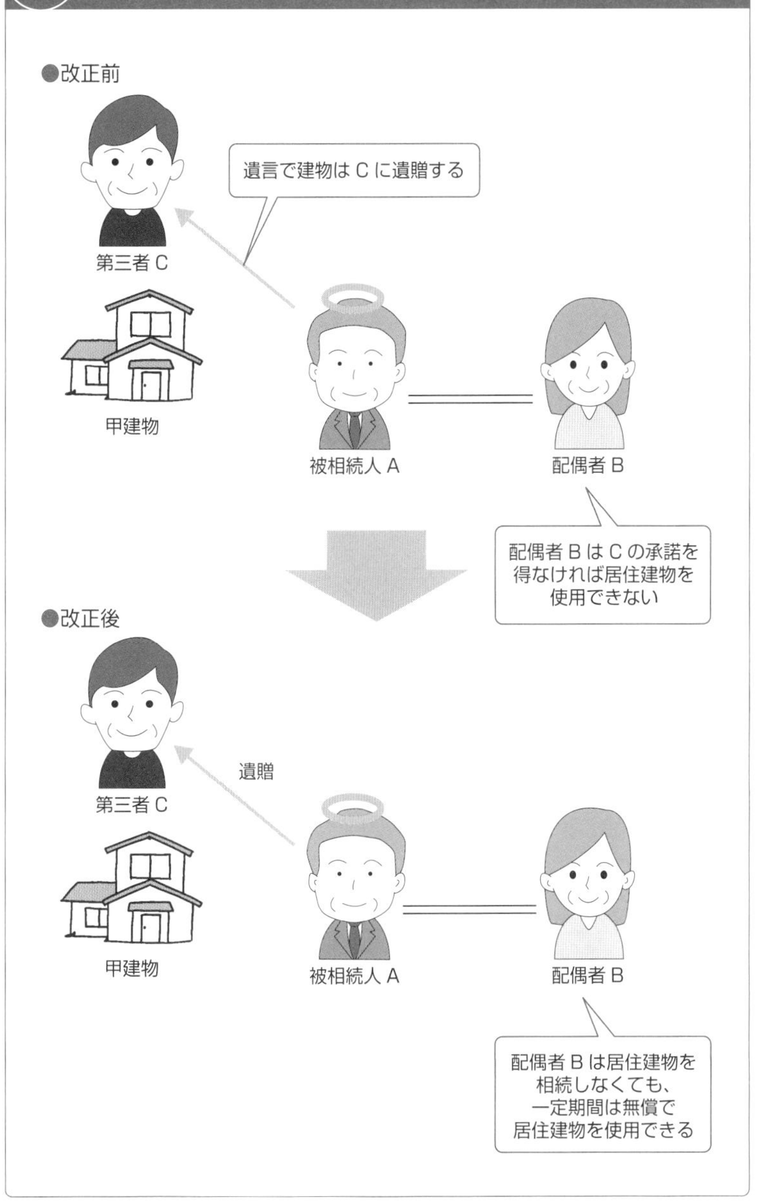
FIGURE
2
配偶者短期居住権の制度
●改正前
遺言で建物はCに遺贈する
第三者C
甲建物
被相続人A
配偶者B
配偶者BはCの承諾を得なければ居住建物を使用できない
●改正後
遺贈
第三者C
甲建物
被相続人A
配偶者B
配偶者Bは居住建物を相続しなくても、一定期間は無償で居住建物を使用できる

配偶者短期居住権と建物の修繕等

配偶者短期居住権でも、配偶者居住権と同じように配偶者の負担で、居住建物の使用に必要な修繕を行うことができます。

旧法には、配偶者短期居住権についての規定はありません。居住建物の使用に必要な修繕については、無償で建物を使用する**使用貸借の規定**が適用されます。使用期間中の建物の**修繕義務**は**借主である配偶者**ではなく、建物所有者が負います。ただし、借主が修繕の必要性を**貸主に通知**しても、貸主が相当期間内に必要な修繕をしない場合は、借主である**配偶者が自ら修繕**できるとされています。

1 配偶者短期居住権と建物の修繕等（改正の要点）

配偶者短期居住権の建物の修繕義務については、新法 1041 条により 1033 条の配偶者居住権の規定が準用され、「配偶者は居住建物の使用に必要な修繕をすることができる」とされています。

配偶者短期居住権での**修繕義務の通知**は、使用貸借では修繕義務の通知の規定はありませんでしたが、賃貸借の契約の通知義務を参考に規定が設けられたものです。配偶者自らが修繕する場合は、通知する必要はありません。

また、居住建物の費用負担については、1034 条で配偶者は、居住建物の通常の必要費を負担することになります。「**通常の必要費**」の例としては小修繕にかかる費用や固定資産税などの公租公課が挙げられます。

居住建物の修繕が必要である場合に配偶者が相当の期間内に必要な修繕をしないときは、居住建物の所有者は、その修繕をすることができます。

FIGURE 3 配偶者短期居住権の制度

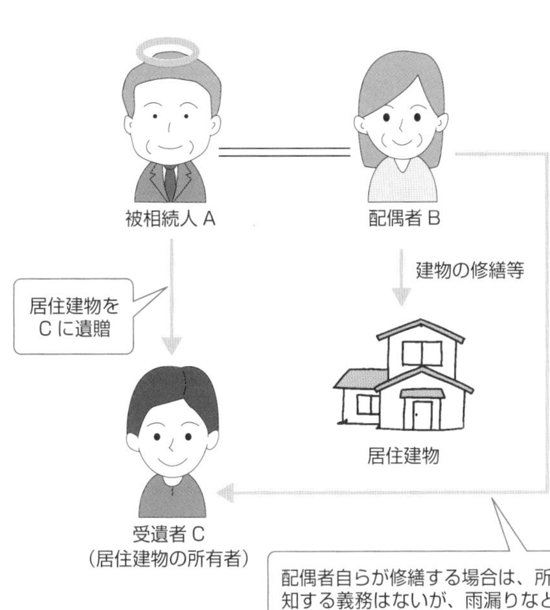
被相続人 A
配偶者 B
建物の修繕等
居住建物を
C に遺贈
居住建物
受遺者 C
（居住建物の所有者）
配偶者自らが修繕する場合は、所有者の C へ通知する義務はないが、雨漏りなどの修繕についてはCへ通知する義務がある

配偶者短期居住権でも、相続開始後に生じた損傷がある場合、配偶者は原則としてその損傷を回復する義務を負う。

配偶者短期居住権の消滅

配偶者短期居住権は、配偶者居住権と異なり一定期間しか居住建物を使用することはできません。したがって、使用にあたっての善管注意義務違反や配偶者居住権の取得など、消滅事由も様々です。

旧法では、配偶者短期居住権の規定は存在していませんが、無償で建物を使用できる権利は使用貸借に類似しています。使用貸借契約が終了するのは、以下のような場合です。

・設定された期間の満了
・目的に従った使用・収益の終了
・使用・収益に足りる期間経過後の解除
・貸主からの申入れによる解除
・借主の死亡

1 配偶者短期居住権の消滅（改正の要点）

配偶者短期居住権は、配偶者が一定期間、居住建物を無償で使用できる権利です。

なお、一定期間満了のほか、後述の場合も配偶者短期居住権は消滅します。また、配偶者が居住建物を相続していない場合、居住建物の所有者はいつでも配偶者短期居住権消滅の申入れをすることができます。

たとえば、被相続人Aには配偶者Bのほかに、先妻との間の子Cがいて亡くなりました。Aの遺言では、Bに預金を、居住建物をCへ遺贈するとの記載がありました。相続開始後に、CはBに居住建物の明け渡しを求めましたが、Bは配偶者短期居住権により無償で6か月使用することができます。

●一定期間

ここで一定期間とは、遺産分割により居住建物の帰属が確定した日または相続開始日から6か月を経過する日のいずれか遅い日のことです。

ただし、居住建物が第三者へ遺贈された場合や配偶者が相続放棄した場合は、所有者から消滅請求を受けた日から6か月を経過するまでとなります。

2 消滅事由

- 配偶者が配偶者居住権を取得した場合
- 配偶者短期居住権の有効期間が経過したとき
- 配偶者短期居住権においての用法違反があり、居住建物の所有者が消滅の請求をした場合
- 善管注意義務違反
- 譲渡禁止違反
- 第三者の使用収益
- 用法違反
- 配偶者の死亡
- 建物が全部滅失等の場合

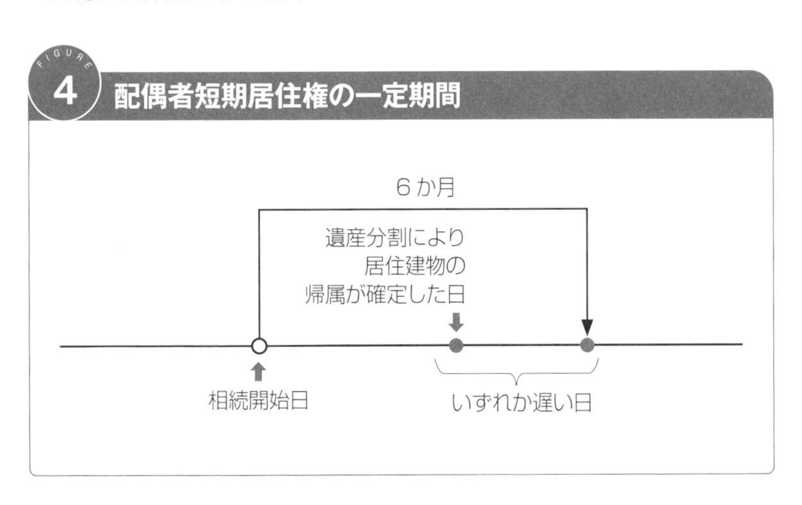

COLUMN

印税は誰のもの

著作権とは、著作物を創作した場合にその著作物を創作した著作者に発生する権利の総称です。この著作権には、**著作財産権**と**著作人格権**があります。著作財産権には、著作物をコピーする権利である「複製権」、音楽を演奏する権利である「演奏権」、著作物を譲渡する権利である「譲渡権」というように、様々な権利が含まれます。一方、著作人格権は、著作者の人格的・精神的利益を保護するための権利であり、これは著作者一身に専属する権利として譲渡も相続もできません。このうち著作財産権は、他の知的財産権と同様に譲渡したり、相続することができます。

では、著作権者が亡くなり相続人がいない場合、著作権はどうなるのでしょうか。たとえば、作曲家や小説家が楽曲や小説などの作品を世に残して逝去し、遺言もなく相続人がいない場合です。これらの楽曲や小説は国のものとなって著作権は消滅し、誰もが著作権を気にせず自由に使用できるようになります。

しかし、著作者が生前に著作権等管理事業者に著作権の管理を委託し、印税などの形で著作権使用料を受け取っていて、遺言や相続人もなく亡くなった場合はどうなるのでしょうか。こうした組織に管理を委ねた著作権使用料などの相続財産は著作権ではなく信託受益権*となり、上記の著作権法が定めるルールではなく、一般の民法のルールが適用されます。すなわち、相続人がいない**信託受益権**などの相続財産は国のものとなってしまうと考えられます。

***信託受益権**　信託受益権とは、所有不動産の管理・運用を信託銀行等に委託して、その資産から発生する経済的利益（賃料収入など）の配当を受け取る権利のことです。

遺留分制度

遺留分とは、相続人に対し最小限保障された相続持分です。今回の改正では、遺留分を侵害された相続人の権利である「遺留分減殺請求」が「遺留分侵害額請求」に改められるとともに、侵害額が金銭での支払い請求に一本化されました。

遺留分の金銭債権化

遺留分とは、被相続人が決めた贈与や寄贈に関係なく、一定の相続人が法律上取得することを保障された権利です。

遺留分とは、一定の相続人が必ず受け取れるように、法によって被相続人の財産中に留保された割合のことです。

相続財産には、分割するのに困難な土地家屋があります。こうした場合、旧法では遺留分はどのように算定されるのでしょう。

たとえば、被相続人Xが会社を経営していて、その土地・建物が1億円であり、預貯金2000万があって死亡しました。相続人は子のAとBです。

ところで、Xには、会社はAに承継させる旨の遺言があったとします。

法定相続分はAとBは同じで1億2000万円×1/2＝6000万円です。また、遺留分はその1/2で3000万円です。しかし、この事例においては、Bには2000万円しか相続分がなく、Aが遺留分を侵害しています。そこで、BはAに遺留分減殺請求権を行使し、土地・建物をAと共有（Bの持分1000万円）することになります。

1 改正の要点

新法では、以下の点が改正されました。

●遺留分減殺請求は遺留分侵害額の請求として金銭請求に一本化

旧法では、遺留分減殺請求があった場合、贈与または遺贈された財産そのものを返還する**現物返還**が原則とされていました。そのため、上記の例のように会社共有状態となることもありますが、これでは被相続人Xの意思と異なり、事業承継の支障となる可能性があります。

そこで新法1046条では、「遺留分権利者及びその承継人は、受遺者（特定財産承継遺言により財産を承継し又は相続分の指定を受けた相続人を含む。以下この章において同じ。）又は受贈者に対し、遺留分侵害額に相当する金銭の支払を請求することができる。」と規定されました。

すなわち、遺留分を侵害された者（A）は、遺贈や贈与を受けた者（A）に対し、遺留分侵害額に相当する金銭の請求をすることができるようになります。つまり金銭債権になるということです。請求権も金銭支払いと一本化されたことで「**遺留分減殺請求権**」ではなく「**遺留分侵害額請求権**」へと名称が変わりました。

そして、遺贈や贈与を受けた者（A）が金銭を直ちに準備することができない場合、Aは裁判所に対し、**支払期限の猶予**を求めることができます。これにより、A、Bによる会社の共有状態を避けることができるようになるのです。

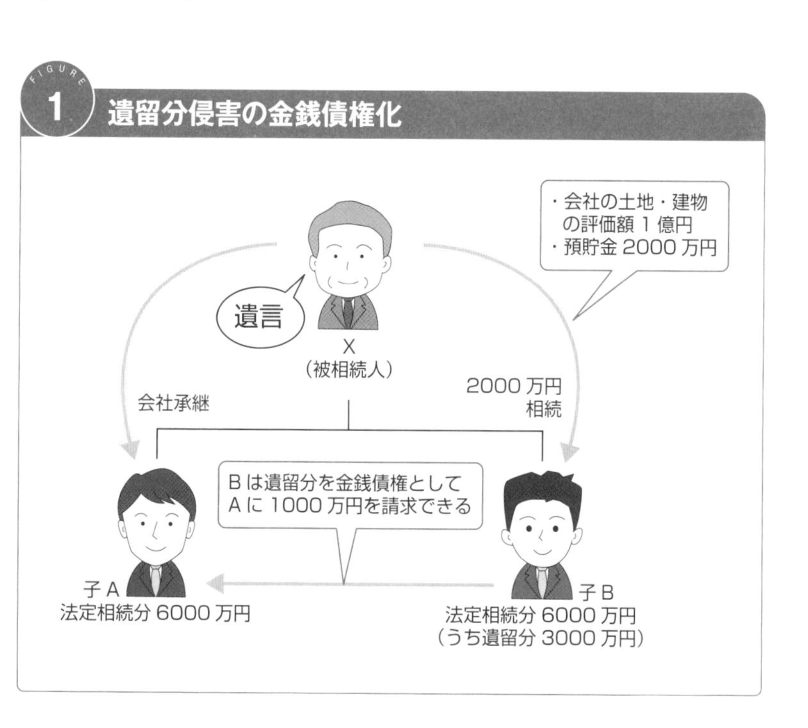

遺留分侵害額の計算方法

従来、遺留分侵害額の算定で負担付贈与の場合は、負担の価額控除が明確ではありませんでした。これが今回の改正では、贈与額から負担の価額を控除することになりました。

旧法では、遺留分侵害額の算定は、次の式で計算されました。

①遺留分額＝遺留分の基礎となる財産額（相続開始時に有していた財産の価額 ＋ 贈与財産額－相続債務額）×個々の遺留分の割合
②遺留分侵害額＝遺留分額－(特別受益額＋遺贈財産額＋相続によって得た財産額)＋遺留分権利者負担の相続債務

ただし贈与が負担付であった場合には、遺留分算定時の「**贈与財産額**」に、贈与額から負担の価額を控除したものを算入するのか、目的の価額の全額を算入するのか、これまで明確化されていませんでした。

たとえば、被相続人Aには配偶者Bと子Cがいて、Aが亡くなり、その遺産には現金6000万円と不動産（2000万円相当）、債務100万円がありました。また、Aは配偶者Bに相続開始15年前に**特別受益**300万円を贈与していました。

相続欠格者等の場合

被相続人の子が相続欠格者または相続人から廃除されている場合は、その相続人の直系卑属は遺留分権利者となりますが、相続放棄していた場合は遺留分権利者とはなりません。

さらに、Aは第三者Dに遺産のうちの現金6000万円のすべてを遺贈しました。配偶者BがDに対して請求できる遺留分侵害額は、いくらになるでしょうか。

・改正前の計算式

①遺留分額

(8000万円 ＋ 贈与額300万円 － 100万円) × 1/2 × 1/2 ＝ 2050万円

②遺留分侵害額

2050万円 －(相続で得た不動産の1/2の1000万円) ＋ 相続債務50万円 ＝ 1100万円

1 特別受益額と負担付贈与の扱い(改正の要点)

旧法では、遺留分算定の基礎となる財産額の算定で、相続人に対する贈与についての期間制限はありませんでした。ところが新法1044条1・3項では、「相続人に対する贈与は特別受益とされ、財産額の算定では**相続開始前10年間**にした贈与に限る」とされました。

ただし、遺留分侵害額の計算においては特別受益を含めます。

また新法1045条で、負担付贈与があった場合は、遺留分額算定時の「贈与財産額」に目的物の価額から負担の価額を控除した額を算入することになりました。

以上をもとに上記の例を計算します。

・改正後の計算式

①遺留分額

(8000万円－100万円) × 1/2 × 1/2 ＝ 1975万円

②遺留分侵害額

1975万円－(特別受益額300万円＋相続で得た不動産の1/2の1000万円)＋相続債務50万円 ＝ 725万円

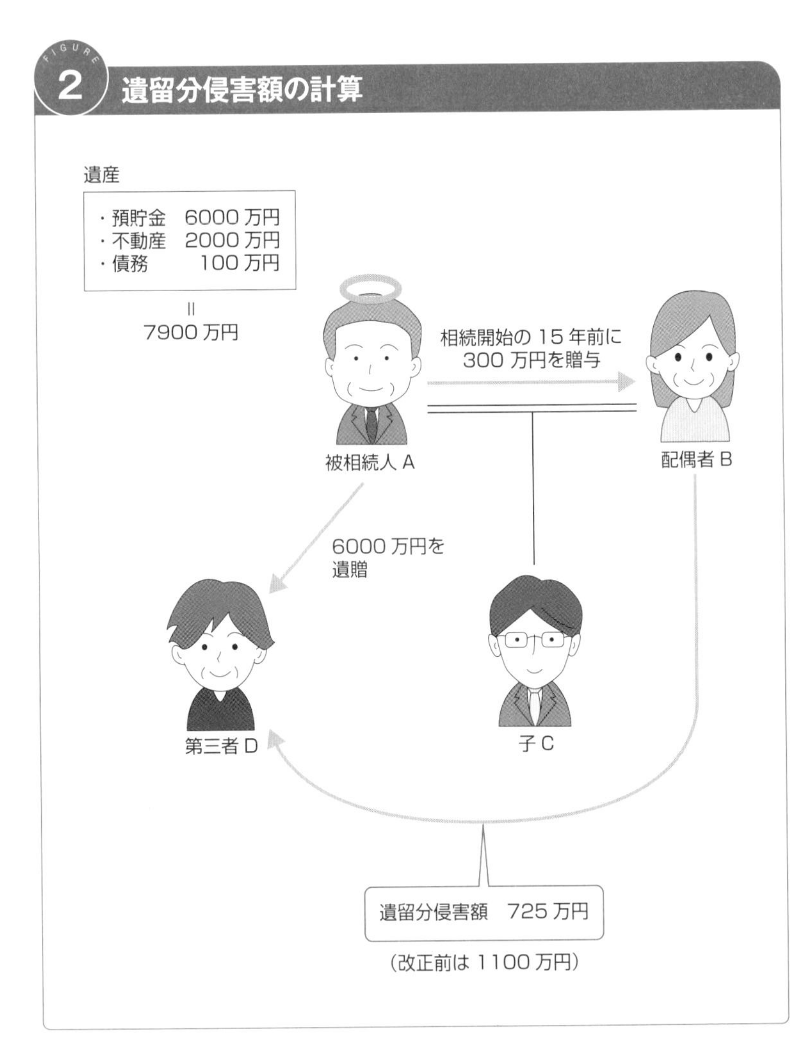

ワンポイント

持戻し免除の意思表示

被相続人が特別受益に当たる贈与について「持戻し免除の意思表示」をしていても、その贈与は遺留分を算定するための財産に算入されます。

特別寄与制度

被相続人の財産の維持・増加に貢献した相続人へ報いるのが寄与分の制度で、相続人以外の親族による被相続人の療養看護や財産貢献に報いるのが特別寄与の制度です。

特別寄与制度の要件

寄与分は相続人が被相続人の財産の維持・増加に特別に寄与（貢献）をしたときの功労金ですが、特別寄与制度は相続人以外の親族が対象となります。

民法には「**寄与分**」という制度があります。寄与分とは、被相続人の財産の維持・増加に特別の寄与をしたときの功労金です。では、この寄与分を受ける場合は、相続人以外の人たちも対象となるのでしょうか。

旧法では、たとえば、寄与分を受ける場合は、被相続人の存命中に労務や資金を提供して被相続人の事業を助けたり、あるいは被相続人の介護に尽くしたりして、被相続人の財産の維持・増加に特別の寄与をした場合に受けられるのですが、受けることができる人は「**相続人**」に限られていました。

したがって、被相続人の最期まで療養看護した長男の配偶者や姉妹・兄弟等には寄与分は認められません。

長男の嫁が被相続人の看護をしても、相続人である夫の寄与分となり、夫が亡くなっている場合は、嫁の貢献は報われなかった。

たとえば、被相続人Aには長男がいたが10年前に死亡し、その後Aはその嫁に10年にわたって看病を受け続けて亡くなったとしても、その嫁は相続の対象とならず、また遺贈や看病の契約を結ばない限り、何ら対価を受けることができませんでした。

1 特別寄与制度の要件（改正の要点）

しかし、新法1050条で、相続人以外の親族が被相続人に対して特別な寄与をした場合は、相続人に**特別寄与料を請求**できるとされました。

「被相続人に対して無償で療養看護その他の労務の提供をしたことにより被相続人の財産の維持又は増加について特別の寄与をした被相続人の親族（相続人、相続の放棄をした者及び第891条の規定に該当し又は廃除によってその相続権を失った者を除く。以下この条において「**特別寄与者**」という。）は、相続の開始後、相続人に対し、特別寄与者の寄与に応じた額の金銭（以下この条において「特別寄与料」という。）の支払を請求することができる。」との条文が新設されました。

この特別寄与者となるには、以下の要件が必要とされます。

①相続人でないこと
②親族であること
③通常の寄与を超える特別な寄与であること

すなわち、受けることができるのは相続人に限るという寄与分の規定とは別に、新しく特別な寄与の制度を設けました。この制度でいう「**被相続人の親族**」とは、以下の人たちのことを指します。

・六親等内の血族
・三親等内の姻族

ただし、相続人、相続を放棄した者、相続人の欠格事由に該当する者および廃除された者等は含みません。また、特別の寄与した者がその対価を受け取っていた場合も含まれません。

したがって、息子の配偶者には**寄与分**を受ける権利がありますが、被相続人の愛人にはその資格はないことになります。

判例ではよく、事実婚をしている内縁の妻が最後まで献身的に介護したにもかかわらず、被相続人が死亡したあとにいままで何の音沙汰もなかった妻や子が現れて、内縁の妻には何の相続分もないということがあります。しかし、この場合も内縁の妻は親族ではないので、やはり寄与分を受けることができません。

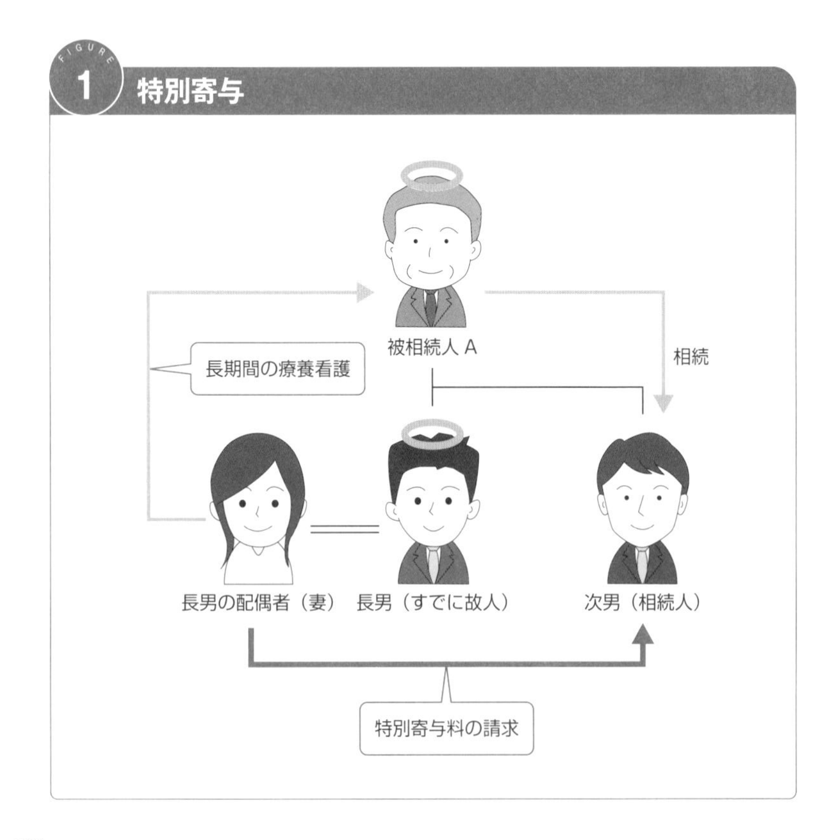

特別寄与料における家庭裁判所の調停と請求期限

家庭裁判所への調停の請求は遅くとも1年以内に行うことが必要です。

被相続人には2人の子がいて、長男が被相続人である父親の家業を継ぎ財産を維持したとか、長年にわたって病弱な父親の療養看護に努めてきたといった場合、財産を単純に法定相続分で分けてしまうことは不公平です。そこで、相続人間の公平を図るため、従来の寄与分の制度により、長男には法廷相続分以上の財産を取得させることがなされてきました。遺産の配分は、あくまで相続人間で調整する遺産分割協議によって決められました。

しかし、新設された**特別寄与制度**の**特別寄与者**は、相続人ではありません。特別寄与料は、特別寄与者が相続人に請求することになります。

1 家庭裁判所の調停と請求期限（改正の要点）

この特別寄与料の支払いについて、相続人にとっては持分が減少することになるので、当事者間で協議が調わないことが考えられます。その場合は家庭裁判所に対し、協議に代わる調停や処分を請求することができます。これについては、新法1050条2項で、次のように規定されています。

ワンポイント

特別寄与の必要条件

特別寄与は、被相続人から特別寄与者への報酬がばかったことが必要条件ですが、相続人から特別寄与者へ金銭の支払いがあった場合でも、それが被相続人の意思に基づくものでなければ特別寄与と認められます。

「2　前項の規定による特別寄与料の支払について、当事者間に協議が調わないとき、又は協議をすることができないときは、特別寄与者は、家庭裁判所に対して協議に代わる処分を請求することができる。」

●処分請求の期限

また、家庭裁判所へ協議に代わる処分を請求する期間が、次のように決められています。

「ただし、特別寄与者が相続の開始及び相続人を知った時から6箇月を経過したとき、又は相続開始の時から1年を経過したときは、この限りでない。」

このように期限が短いのは、相続という親族間にとって緊急性の高い問題に対して早急に解決することが求められているからです。

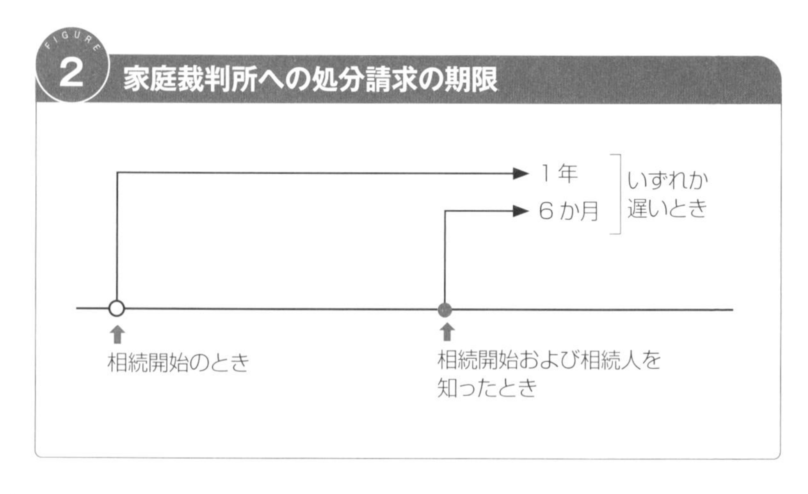

特別寄与料の判断要素と上限額

特別寄与料は、財産の価額から贈与の価額を控除した額を超えることはありません。

特別寄与料の額が調停の協議によっても決まらない場合は、家庭裁判所は特別寄与料の金額をどのように判断し算定しているのでしょう。

1 特別寄与料の判断要素（改正の要点）

新法 1050 条 3 項で「前項本文の場合には、家庭裁判所は、寄与の時期、方法及び程度、相続財産の額その他一切の事情を考慮して、特別寄与料の額を定める。」と規定されました。つまり、調停の協議によっても特別寄与料の額が決まらないときは、**裁判所が寄与の時期、方法及び程度、相続財産の額その他一切の事情を考慮して決定**するということです。

たとえば、特別寄与が療養看護の場合は、被相続人の病名や介護度などの状態と療養介護の期間、内容が**算定判断の要素**とされます。そのため特別寄与者は、被相続人を介護したという証明が必要な場合があります。介護記録簿や写真、動画、経費の精算書などを保管しておくことが求められます。

●特別寄与料の上限額

旧法では特別寄与制度はありませんでしたが、相続人の寄与料は、「被相続人が相続の開始時において有した**財産の価額から遺贈の価額を控除した残額を超えることはできない。**」とされていました。

これと同じように特別寄与料については、1050 条 4 項で「特別寄与料の額は、被相続人が相続開始の時において有した財産の価額から遺贈の価額を控除した残額を超えることができない。」と規定されていて、**遺産から遺贈を控除した金額が上限**となります。

● **特別寄与料は相続分に応じて負担**

特別寄与料は相続人が負担することになりますが、それについては、1050 条 5 項で「相続人が数人ある場合には、各相続人は、特別寄与料の額に第 900 条から第 902 条までの規定により算定した当該相続人の相続分を乗じた額を負担する。」と規定されています。

すなわち、相続人が複数人いる場合は、各相続人の負担額は、特別寄与料の額に法定相続分を乗じた額となります。

ちなみに相続人の寄与分については、実務的には寄与のタイプが次の5 つの型に分けられています。

①家事従事型（被相続人の事業に関する労務の提供）
②金銭等出資型（被相続人の事業に関する財産上の給付）
③療養看護型（被相続人の療養看護）
④扶養型（相続人が被相続人の生活費を支出した）
⑤財産管理型（被相続人の財産を管理し、これを増加・維持した）

このうち、特別寄与にも参考となる家事従事型と療養看護型の計算式の例を、以下に紹介します。

● **家業従事型の場合**

寄与分額 ＝ 寄与した相続人の受けるべき年間給付額 ×（1 － 生活費控除割合）× 寄与年数

● **療養看護型の場合**

・実際の療養看護

寄与分額 ＝ 付添人の日当額 × 療養看護日数 × 裁量的割合

・費用を負担した場合

寄与分額 ＝ 負担費用額

相続税

相続人が被相続人の財産を相続する場合は、相続税が課されます。

相続税は、相続する人によって税額控除もあれば加算される場合もあります。ここでは、こうした相続税の計算の手順や仕方について紹介します。

相続と相続税

相続税を計算するには、課税の対象となる財産をすべて金銭に換算したあと、合計して課税遺産総額を出します。その合計額がある一定額より少ない場合は、相続税が課されることはありません。

これまで、相続に関する様々な権利関係について見てきましたので、この章では相続税について説明します。

相続は、被相続人から相続人へ財産が移転するものです。相続税は、相続などによって財産を取得した場合に、その取得した財産に課される税金のことです。

相続税は、相続したすべての人に申告の義務があるわけではありません。取得した相続財産の金額が、定められた金額を超える場合に、相続税の申告をする必要があります。しかし、相続税の計算にはいろいろな特例があり、特例によって、計算の仕方が異なっています。

また、相続財産には、預貯金や有価証券などのほかに、不動産や絵画、骨董品のように評価を金額に換算しづらいものがあります。それらを含め、相続税の算定にあたっては、まず取得したすべての財産を評価することから始めます。

では、相続税の計算にあたっての大まかな流れを紹介します。

1 相続税の計算の大まかな流れ

①相続財産の評価を金額に換算する

②相続財産から被相続人の債務等を差し引いて遺産総額を計算

③遺産総額から基礎控除の金額を差し引く

④相続税総額と各相続人の税額を計算する

⑤相続税の申告・納税

財産の評価方法

財産にはいろいろな種類のものがあります。これら財産の評価によって課される相続税も変わってきます。ここでは、財産の中でも金額の大きい不動産の評価方法について見ていきます。

1 財産の種類と評価

相続財産は、預貯金や有価証券のように現金化しやすいものばかりではありません。土地や建物といった不動産のほか、車や貴金属、骨董品、絵画などの動産もあります。このうち骨董品や絵画などの価値は算定しにくいものですが、相続税を算定するにあたって財産の評価をするためには、こうした財産も金銭で算定する必要があります。

2 評価は時価で算定

相続財産を評価する際の基準は、原則として相続開始時の価格（時価）であり、取得時の価格ではありません。これについては、国税庁が評価算定の目安となる「**財産評価基本通達**」という評価基準を公表しています。

この通達に従って財産の時価は算出されます。

なお、骨董品や絵画などの評価判定が難しい財産の場合は、相続人の負担で調べる必要があります。

ゴルフ会員権は、相続開始時の取引価格の70%で評価する。

3 不動産の評価方法

ここでは不動産のうち宅地の評価について説明します。宅地は、相続財産の中でも最も高額であり、居住している場合は権利関係の扱いが難しいものの１つです。

宅地の評価方法には「**路線価方式**」と「**倍率方式**」があります。相続する土地が「路線価方式」か「倍率方式」かについては、最寄りの税務署か国税庁のホームページにある評価倍率表で判断します。

評価倍率表で、相続する宅地の町名の宅地欄に「**路線**」と書かれていれば路線価方式、「**1.1**」といった倍率の数字が記載されていれば倍率方式での評価となります。

4 路線価方式

路線価とは、路線（道路）に面する標準的な宅地の $1m^2$ 当たりの価額のことで、「**路線価図**」で確認します。

宅地の価額は、原則として路線価をその宅地の形状等に応じた調整率（評価の加減算）で補正したあと、その宅地の面積を掛けて計算します。

なお、この計算式（**路線価×面積＝評価額**）は、評価対象の宅地が整形地（正方形または長方形）であることを前提としています。

したがって、土地の大まかな評価額を簡便に試算する場合に使われます。

5 倍率方式

路線価が定められていない地域の評価方法です。宅地の価額は、原則として、その宅地の**固定資産税評価額に一定の倍率**（評価倍率表に記載）を掛けて計算します。

なお、固定資産税評価額は、固定資産税の納税通知書に記載があります。また、市区町村の役所にある**固定資産課税台帳**にも記載されています。

FIGURE 1 路線価図の見方

●路線価図（抜粋）

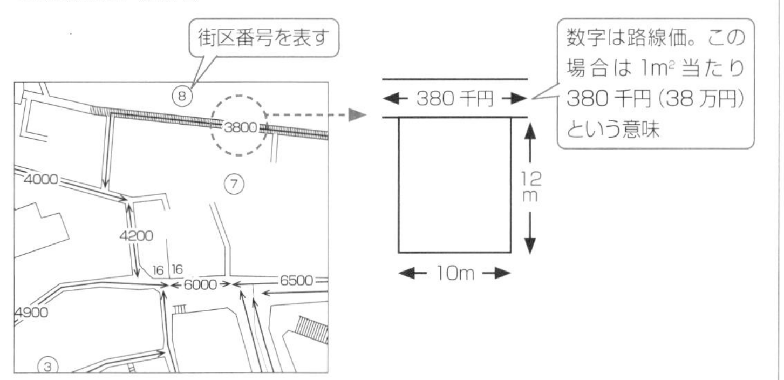

[普通住宅地区]

（路線価） × （奥行価格補正率） × （面積） = （評価額）

38 万円 × 1.00 × 120m² = 4560 万円

※調整率には、「奥行価格補正率」、「側方路線影響加算率」などがある。具体的な数値については、国税庁ホームページ（https://www.nta.go.jp）で確認することができる。

FIGURE 2 評価倍率表の見方

●評価倍率表（抜粋）

固定資産税評価額に乗ずる倍率等						
宅地	田	畑	山林	原野	牧場	池沼
倍 路線 1.1 1.1	倍 比準 純 13 純 11	倍 比準 純 22 純 16	倍 比準 純 19	倍 比準 純 20	倍	倍

※評価倍率表の「固定資産税評価額に乗ずる倍率等」の「宅地」欄に「路線」と表示されている地域については、路線価方式により評価を行う。

（固定資産税評価額） × （倍率） = （評価額）

1000 万円 × 1.1 = 1100 万円

CHAPTER 8 相続税

小規模宅地等の特例について

被相続人が事業用や居住用として使っていた土地の相続人が、自宅用地あるいは親の事業を引き継ぎ事業用地として使用する場合には、減額適用の特例があります。

被相続人が居住・事業用に使っていた**小規模宅地等**[*]を、被相続人の親族が相続や遺贈によって取得した場合、下記の要件に該当すれば、表に掲げる区分ごとに80%または50%の減額適用となります。相続した土地の面積および自宅用地か貸付用地かによって、土地の評価額が変わり、「小規模宅地等の特例」という相続税の減額が適用されます。

1 特例の対象となる土地

小規模宅地等の特例の対象となる土地には、以下の3種類があります。

●居住用宅地（特定居住用宅地等）

330m²以内の居住用の宅地で、配偶者が相続する場合や、配偶者以外の相続人が継続して申告期限まで居住または保有することが要件となっています。二世帯住宅や老人ホームに入居した場合も、一定の条件で適用されます。

●店舗や事業用の宅地（特定事業用宅地等）

400m²以内の事業用の宅地で、親の事業を子が申告期限まで引き継ぐ場合です。

＊**小規模宅地等**　相続した事業用や居住用の宅地等のうち、減額の特例が適用される一定の面積までの部分。

● 賃貸用の宅地（貸付事業用宅地等）

200m² 以内の賃貸マンションや駐車場などの不動産貸付の土地で、相続人が申告期限まで事業を引き継ぐ場合です。

FIGURE 3 小規模宅地等の面積と減額割合

宅地の種類	面積	減額割合
居住用	330m²	80%
賃貸業以外の店舗や事業用	400m²	80%
貸付用	200m²	50%

では、小規模宅地等の特例を受けた場合の計算がどのようになるか見ていきましょう。

①居住用宅地6000万円、面積300㎡の場合

居住用宅地の面積の上限は330㎡なので、この場合はそのすべてが適用範囲内になります。

6000万円÷300㎡＝20万円（1㎡当たりの土地評価額）
20万円×300㎡×80%＝4800万円（減額する土地評価額）
6000万円－4800万円＝1200万円（特例適用後の土地評価額）

②事業用宅地8000万円、面積500㎡の場合

事業用宅地の面積の上限は400㎡なので、500㎡の宅地の場合には、残りの100㎡は適用を受けることができません。

8000万円÷500㎡＝16万円（1㎡当たりの土地評価額）
16万円×400㎡×80%＝5120万円（減額する土地評価額）
8000万円－5120万円＝2880万円（特例適用後の土地評価額）

株式・預貯金等の評価方法

預貯金の財産評価は、金融機関に預けてある残高がそのまま評価額となります。しかし、公社債や投資信託などは種類によって評価方法が異なります。ここでは、それぞれの金融資産の評価の仕方とみなし財産について見ていきます。

株式が財産の場合は、その株式が**上場**なのか**非上場**なのかで評価方法が異なります。

また、預貯金の場合は**相続開始時の預入残高**が相続税の評価となり、有価証券は種類によって評価が異なるので、以下それぞれの評価法を紹介します。

上場株式

株は価格の変動が著しいため、上場株式の相続税での評価は、原則として以下の４つのうちの最も低い価額をとります。

①相続開始日の終値
②相続開始日が属する月の終値の平均額
③相続開始日が属する前月の終値の平均額
④相続開始日が属する前々月の終値の平均額

負担付贈与などで取得した上場株式は、その株式が上場されている金融商品取引所の公表する相続開始日の最終価格が評価となる。

2 非上場株式

①類似業種比準方式

業種がよく似ている上場企業の株価や配当、利益、純資産などを参考にして株の評価をします。

②純資産価額方式

純資産価額方式とは、会社の資産と負債を相続税評価額に直してから、その差額を株式の評価額とする方法です。

③配当方式

配当方式とは、株式から受け取れる配当金を参考にして、株の評価計算を行う方法です。

3 預貯金

預貯金の場合、**普通預金や通常貯金の相続税評価**となるのは、原則として**相続開始時の預入残高**です。一方、定期預金や定額預金などの価額については、相続開始日において、預入残高および同じ時期に解約を行った場合に受け取りができる利息（既経過利子）から、さらに源泉徴収をして所得税額を除いた金額で、合計の額を出し評価をしていきます。

4 公社債・投資信託

公社債とは債券のことで、公共の国債や地方債と、民間の社債などがあります。投資信託とは、投資資金を専門家が株式や債券などに運用して、投資額に応じて分配される仕組みの金融商品です。

●公社債の評価方法

公社債は、最終価格がある場合は**最終価格**で、最終価格がないものは公社債の**発行価額**をもとに相続評価を行います。ただし、公社債にはいろいろなタイプがあり、以下のようにタイプによって相続税評価を見直すことが必要です。

・個人向け国債

個人向け国債は、相続開始日に途中換金した場合に支払いを受けられる金額を評価額とします。

・利付公社債

利付公社債には、上場している利付公社債および非上場の利付公社債があります。

・上場している利付公社債…課税時期の最終価額に既経過利息（税金を引いたぶん）を足して評価
・非上場の利付公社債…発行価額に既経過利息（税金を引いたぶん）を足して評価

・割引発行公社債

・上場割引発行公社債…課税時期の最終価額での評価
・非上場の割引発行公社債…発行価額に券面額と発行価額の差額を日数で案分した金額を足して評価

●投資信託の評価方法

投資信託は、株や債券などで構成されていて、銘柄によって配分が異なります。

・日々決済型の投資信託…相続開始日に解約した場合に支払いを受けられた金額
・上場投資信託…上場株式と同じ方法で相続税評価を行う
・非上場の投資信託…相続開始日に解約などを行った場合に支払いを受けられる金額

5 みなし財産

被相続人が所有していた財産以外のもの、たとえば**生命保険金**や**死亡退職金**などは、被相続人が所有していた財産ではありませんが、これらは**相続を原因**として取得できるという意味で、相続税法では「**みなし財産**」として課税されることになっています。

みなし財産の場合には基本となる控除の適用があります。

生命保険金（死亡時に支払われる死亡保険金）、死亡退職金ともに、**500万円×法定相続人の数**まで「**非課税控除**」が適用されます。

たとえば、法定相続人が妻と子ども2人であった場合、500万円×3人＝1500万円まで非課税となります。

ただし、死亡退職金の場合、みなし財産となるのは、被相続人の死亡後3年以内に支給が確定したものに限られます。

●名義預金

みなし財産といわれるものの1つに、子ども名義の預金があります。税法上は、子ども名義の通帳は実質的に両親のものとみなされます。これは、子どもがお金を貯められたのは父親のおかげだというのが理由であり、「**名義預金**」として父親の相続財産となります。

子ども名義の預金が相続財産とみなされるのを防ぐためには、財産の所有権が受け取る子どもの方に移っていることを証明する必要があります。

その方法として、以下のことを行います。

・贈与契約書を作成し、その契約に従った贈与を行います。
・名義人である子ども専用の印鑑を持たせ、通帳やキャッシュカードも名義人が管理し、実際に使用するようにします。

相続税の計算

相続税を計算する場合は、ステップがあります。まず財産の評価額を合計し、そこから控除できるものを差し引き、さらに基礎控除を引いたあと、各相続人に対する税金の再配分計算を行います。

相続財産の評価額が算出できたら、次に課税遺産総額を計算します。

課税遺産総額の計算には、次の式を使います。

財産の評価額の合計 − 控除対象費用 − 基礎控除 ＝ 課税遺産総額

●財産の評価額の合計

財産の評価額の合計は、次の式で算出します。

相続財産（プラスの資産 − 借金・負債）＋ みなし財産 ＋ 生前贈与財産 ＝ 財産の評価額の合計

上記の相続財産には不動産や預貯金、株式などのほか、みなし財産といわれる死亡保険金や死亡退職金、さらに相続開始時前３年以内の生前贈与があり、一方、マイナス財産として借金や負債がありますので、ここでプラスマイナスの合算をして、財産の合計額を算出します。

●控除対象費用

控除対象費用は、**葬儀費用 ＋ 非課税財産**のことをいいます。

また、被相続人の葬儀費用は、被相続人の相続財産から支払うことが認められています。非課税財産には、死亡保険金と死亡退職金の非課税枠１人 500 万円があり、また自宅は「**小規模宅地等の特例**」を活用すれば土地の評価額の 80% が減額されます。

これらは控除対象費用として、相続財産から差し引きます。

●基礎控除

基礎控除の額は、**3000万円 ＋ 600万円 × 法定相続人の人数**と定められています。

たとえば、法定相続人が配偶者と子ども1人のケースでは、3000万円＋600万円×2人で4200万円となります。

なお、財産の評価額がこの基礎控除額4200万円以下であれば相続税は課税されません。

1 相続税計算の具体例

では、具体的な例で相続税を計算してみましょう。

ここでは、財産を取得した人それぞれの課税価格の合計額が1億円で、配偶者が8000万円、子2人が1000万円ずつ相続したとします。

この場合、課税遺産総額は、1億円−(3000万円＋600万円×3人)＝5200万円となります。

FIGURE 4 母と子2人の場合の相続税

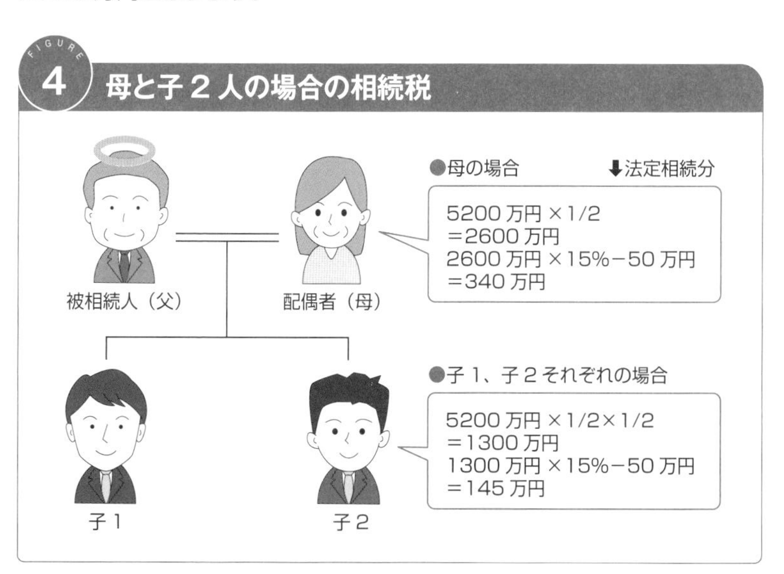

FIGURE 5 相続税の計算

（課税価格の合計額）　　（基礎控除額）　　（課税遺産総額）

1億円 －（3000万円＋（600万円×3人））＝ 5200万円

課税遺産総額を法定相続分で案分

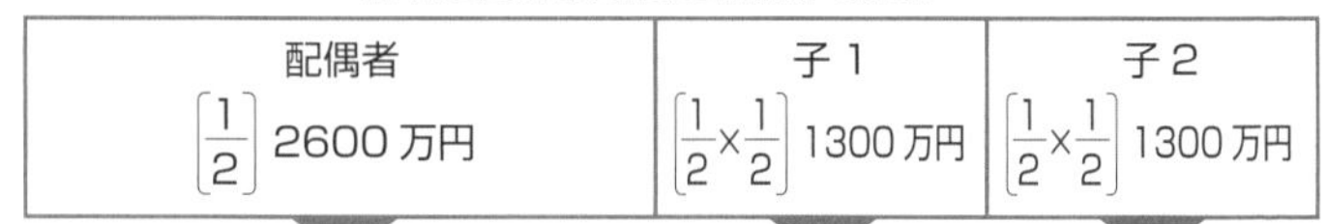

配偶者
$\left[\frac{1}{2}\right]$ 2600万円
子1
$\left[\frac{1}{2}\times\frac{1}{2}\right]$ 1300万円
子2
$\left[\frac{1}{2}\times\frac{1}{2}\right]$ 1300万円

相続税の金額を下記の速算表から求める

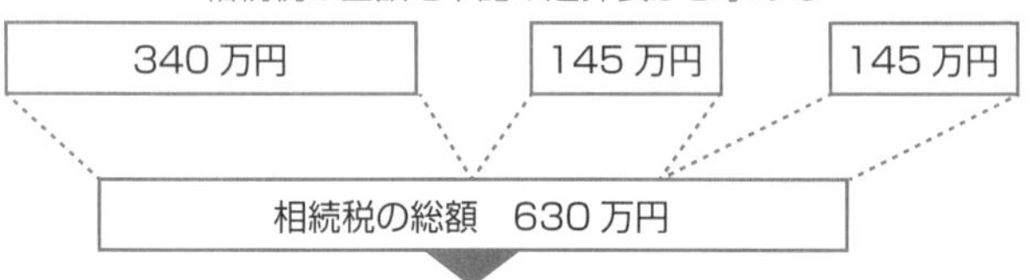

相続税の総額を実際の相続割合で案分

配偶者 $\left[\frac{8000万円}{1億円}\right]$	子1 $\left[\frac{1000万円}{1億円}\right]$	子2 $\left[\frac{1000万円}{1億円}\right]$
504万円	63万円	63万円

実際に納付する相続税

（案分した税額から各種の特例措置による税額控除※の額を差し引いたあとの金額）

配偶者　0円	子1　63万円	子2　63万円

※この事例では「配偶者控除」のみ適用があったとして計算している。

●相続税の速算表

区分	税率	控除額
1000万円以下	10%	—
3000万円以下	15%	50万円
5000万円以下	20%	200万円
1億円以下	30%	700万円

区分	税率	控除額
2億円以下	40%	1700万円
3億円以下	45%	2700万円
6億円以下	50%	4200万円
6億円超	55%	7200万円

相続税の計算に関係する特例措置

相続税には、各相続の状況に応じて様々な特例があります。また特例の多くは、相続税から控除されるための要件がいくつか定められています。ここでは、特例の種類と適用要件を紹介します。

前節では、各相続人の相続額をあらかじめ想定して相続税を計算しましたが、相続人によっては特例が認められており、法定相続分から軽減・加算の措置があります。ここでは、それらの特例の措置について紹介します。

1 配偶者控除

配偶者控除とは、被相続人の配偶者が取得した財産の金額のうち、法定相続分または1億6000万円のどちらか多い金額までは無税という、**配偶者のための税額控除制度**です。

ただし、相続税の申告期限までに遺産分割ができていることと、相続税の申告が必要です。

2 未成年控除

未成年控除は、相続人が未成年の場合に相続税の金額を控除できるというものです。未成年の場合は教育費や養育費が必要となってきますから、そうした事情を考慮して控除ができるという措置がとられています。

未成年控除額は、「**10万円×(20歳 − 相続人の年齢)**」の式で算出します。

ただし、成人年齢が18歳に引き下げられる2022年4月1日以降は、18歳に達するまでの年齢が未成年者控除の基準の年齢となるため、控除額が現在よりも20万円(2年分)減少します。

3 障害者控除

障害者控除とは、相続人が85歳未満の障害者のときは、相続税の額から一定の金額が控除されるというものです。

障害の程度によって控除額の計算式が異なります。**一般障害者**の場合と**特別障害者**の場合があり、それぞれ以下の計算式となります。

・一般障害者の場合
　控除額＝（85歳 － 相続開始時の年齢）× 10万円
・特別障害者の場合
　控除額＝（85歳 － 相続開始時の年齢）× 20万円

● 一般障害者

一般障害者とは、次の障害のある方をいいます。

・精神保健指定医などにより知的障害者と判定された方
・精神障害者保健福祉手帳の交付を受けている方
・身体障害者手帳に身体上の障害がある者として記載されている方
・戦傷病者手帳の交付を受けている方
・精神または身体に障害のある満65歳以上の人で、障害者に準ずるものとして市町村長等や福祉事務所長の認定を受けている方

● 特別障害者

特別障害者とは障害者のうち次の特に重度の障害のある方をいいます。

・身体障害者手帳に身体上の障害の程度が一級又は二級と記載されている方
・精神障害者保健福祉手帳に障害等級が一級と記載されている方
・重度の知的障害者と判定された方

・いつも病床にいて、複雑な介護を受けなければならない方　など

4 贈与税控除

相続開始前の3年以内の被相続人からの贈与については、その計算の仕組み上、生前の被相続人から受けた贈与財産に贈与税と相続税が二重に課税されてしまうことがあります。

このうち贈与税を控除する制度が、相続税の「贈与税額控除」です。

5 相次相続控除

相次相続控除は、**相次いで相続が起こる場合に1回目の相続**で課税された相続税の一部を差し引いた金額を、2回目の相続で発生する相続税額から控除するものです。ただし、1回目の相続をしてから次の2回目の相続が発生するまでの期間が10年以内でなければ、相次相続とは認められません。

6 外国税額控除

外国税額控除とは、海外の財産について外国に相続税を支払った場合、その相続税額を日本での相続税から控除できる制度です。

7 相続税が加算される場合

相続税に関する特例措置として、これまで控除するものだけを紹介してきましたが、逆に加算される場合があります。

それが法定相続人以外の人の相続です。たとえば故人の配偶者や子ども、親以外の人が相続すると相続税が2割増しになります。よく行われるのが、子どもが健在なのに、孫を養子にして財産を相続させるケースです。

ただし、子どもが亡くなったことで、孫が代襲相続して法定相続人になった場合には、2割加算はありません。

なお、**代襲相続**とは、被相続人が死亡するより先に相続人が亡くなった場合、その相続人の直系卑属（子、孫）が相続人の代わりに相続することです。

孫を養子にした相続は、2割増しの相続税となるが、1世代飛ばす方が大きな節税効果があるということで、世間一般ではよく行われている。

贈与税

贈与税の場合も相続税と同じように、贈与した財産の評価額がある一定の額を超えると課税対象となります。

また、贈与税が相続税から控除される場合もあります。ここでは、こうした贈与税の仕組みと課税の計算方法を紹介します。

贈与税

贈与税は、贈与された財産の評価額がある一定の額を超えると課税されるものです。これには2つの課税方法があります。暦年課税と相続時精算課税です。ここでは、これらの計算法とメリット、デメリットについて見ていきます。

贈与は相続と同じように、人から人へ財産が移転するので、税金が課される場合があります。

よく、贈与税が税金の中では最も高いといわれます。しかし、これには理由があります。贈与者の中には、生前贈与によって相続前に財産を分散させ、意図的に相続税の軽減を図る者がおり、そういった行為を防止するためだといわれます。

親子間の生前贈与などは、贈与税の仕組みを理解しないまま行うと、財産をもらった子どもには思いがけない贈与税がかかるので、注意が必要です。

そこで、贈与税の非課税枠や特例など、贈与税の基本について紹介していきます。

ワンポイント

負担付贈与とは

贈与には、贈与の見返りとして受贈者に一定の負担をさせる負担付贈与（➡ P67）があります。たとえば、親が子に土地建物を贈与するがローンを負担させる、といったケースです。遺産相続の財産に含めるのは、土地建物の評価額からローンを除いた金額となります。

1 贈与税とは

贈与税は、どういう場合に課税されるのでしょう。

贈与税は基本的に親や祖父母が自分の財産を生前、子どもに贈与する場合に課されるものです。親が子どもの借金や税金を肩代わりした場合にも贈与税はかかります。一方、親子や夫婦間で渡す生活費や教育費には贈与税は課されません。ただし、常識で考えて多すぎる場合は贈与税がかかります。

贈与税は、基本的にその年1年間に財産の贈与を受けた人に課税されます。そして、贈与税には、「**暦年課税**」と「**相続時精算課税**」という2つの課税方法があります。

暦年課税が贈与を受けた年に課税されるのに対し、相続時精算課税は贈与税の課税を相続発生時まで繰り延べられる方法です。贈与を受けた人は、この2つのうち、いずれかを選ぶことができます。

1000万円の財産に対して、相続税率は10%、贈与税率が40%なので、贈与税の負担がいかに大きいかがわかる。

暦年課税

暦年とは暦の上での1年のことで、暦年課税というのは、1年間に贈与した金額に対して税金が課される制度のことです。ただし、1年間に贈与額が110万円を超えない場合は贈与税の対象とはなりません。

暦年課税とは、その年の1月1日から12月31日までの1年間に、金銭や土地などの贈与を受けた人に対して課される制度です。

ただし、贈与額が110万円を超えない場合、贈与税は課されません。同じように、通常必要と認められる生活費や、社会通念として常識的な慶弔費用などには課税されません。

贈与税は、贈与された財産の額が110万円を超えたぶんにだけ課税されます。それゆえ、10年間にわたって毎年110万円ずつ贈与すると1100万円に贈与税はかかりません。

贈与税の計算では、贈与者と受贈者との関係によって、税率が異なります。贈与税の税率と計算法は、以下のように一般税率「一般贈与財産用」と特例税率「特例贈与財産用」の2つに分かれています。

●一般税率（一般贈与財産用）

一般税率は、「特例贈与財産用」に該当しない場合、たとえば、兄弟間の贈与、夫婦間の贈与、親から子への贈与で子が未成年者の場合、などに使用します。

●特例税率（特例贈与財産用）

特例税率は、直系尊属（祖父母や父母など）から、その年の1月1日において20歳以上の者（子・孫など）への贈与税の計算に使用します。

たとえば、祖父から孫への贈与、父から子への贈与などに使用します。ただし、夫の父からの贈与等には使用できません。

では、1年間に110万円を超えた場合の贈与税の例を見てみましょう。

仮に、1年間に贈与を受けた財産が1000万円だとすると、以下のように計算されます。

・一般税率の場合

1000万円 − 110万円（基礎控除額）＝ 890万円

890万円 × 40%（税率）− 125万円（速算表控除額）＝ 231万円

・特例税率の場合

1000万円 − 110万円（基礎控除額）＝ 890万円

890万円 × 30%（税率）− 90万円（速算表控除額）＝ 177万円

贈与税の基礎控除額の年間110万円は、贈与者が複数人いる受贈者の場合、贈与者1人当たり金額ではなく合計額であることに注意。

1 贈与税の配偶者控除

夫婦間で財産を贈与した場合は、年間 110 万円を超える財産贈与であっても贈与税がかからないことがあります。これが「**贈与税の配偶者控除**」で、基礎控除 110 万円のほかに最高 2000 万円の合計 2110 万円まで控除できる特例制度です。

配偶者控除の適用には、以下の条件があります。

・婚姻期間 20 年以上の夫婦間での贈与であること
・夫婦間での贈与財産が、配偶者の居住用不動産であること
・贈与を受けた人が、その年の翌年 3 月 15 日までにその居住用不動産に住み、その後も継続して住む見込みであること

2 計算例

婚姻期間 20 年以上の夫婦間で、夫が妻に 3000 万円（敷地 2000 万円、家屋 1000 万円）の居住用不動産を贈与した場合です。

この場合の贈与税はいくらになるか、見てみましょう。

3000 万円 − 2000 万円（配偶者控除）− 110 万円（基礎控除）
　　　　　　　　　　　　　　　＝ 890 万円（課税対象額）
890 万円 × 40%（税率）− 125 万円 ＝ 231 万円（贈与税額）

ワンポイント

贈与税の配偶者控除の適用

贈与税の配偶者控除を利用して居住用不動産を贈与したのちに離婚した場合でも、贈与時に離婚していなければ原則、特例の適用は受けられます。

暦年課税の仕組み

●暦年課税の概要

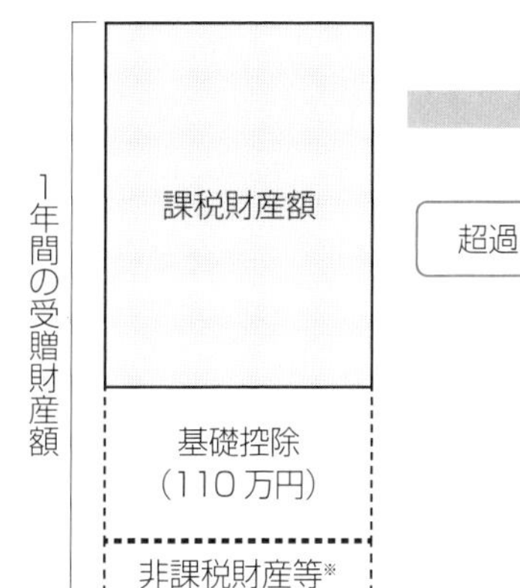

※扶養義務者相互間の生活費または教育費に充てるための受贈財産、
婚姻期間が20年以上の配偶者から贈与を受ける居住用不動産(限度:2000万円)等

●贈与税の速算表

・一般税率
たとえば、兄弟間、夫婦間、親から未成年者の子への贈与の場合

基礎控除後の課税価格	税率	控除額
200万円以下	10%	なし
300万円以下	15%	10万円
400万円以下	20%	25万円
600万円以下	30%	65万円
1000万円以下	40%	125万円
1500万円以下	45%	175万円
3000万円以下	50%	250万円
3000万円超	55%	400万円

・特例税率
たとえば、親または祖父母から、成人の子・孫への贈与の場合

基礎控除後の課税価格	税率	控除額
200万円以下	10%	なし
400万円以下	15%	10万円
600万円以下	20%	30万円
1000万円以下	30%	90万円
1500万円以下	40%	190万円
3000万円以下	45%	265万円
4500万円以下	50%	415万円
4500万円超	55%	640万円

相続時精算課税制度

相続時精算課税制度は、合計で2500万円に到達するまでは、生前にいくら贈与があっても贈与税がかからないという制度です。

暦年課税が贈与を受けた年の課税であるのに対し、相続時精算課税制度は**贈与税の課税を相続発生時まで繰り延べられる制度**です。

贈与によって財産を取得したときに、財産の価額が **2500 万円以下**であれば贈与税が**無税**であり、**2500 万円を超える部分の金額に 20%**の税額がかかります。

相続時精算課税制度を選ぶには、以下の要件が必要となります。ただし、この制度を一度適用すると、暦年課税制度に変更することはできなくなります。

● 相続時精算課税制度の要件と注意点

・60 歳以上の父母、祖父母から 20 歳以上の子、孫への贈与
・一生涯（累計）で 2500 万円まで非課税
・税額がゼロでも贈与税の申告が必要
・贈与財産の種類・金額・贈与回数に制限なし

相続時精算課税制度のメリットは、将来、値上がりが期待できる財産を早期に贈与することで節税できる点です。

一方、デメリットとして、生前贈与した財産が値下がりした場合でも、値下がり前の贈与時の価額で相続財産に加算することになるので、相続税の計算上不利になります。

FIGURE 2

相続時精算課税の仕組み

	制度の仕組み	計算例※	[参考] 暦年課税の場合
贈与時	①贈与財産額を贈与者の相続開始まで累積 ②累積で2500万円の非課税枠 ③非課税枠を超えた額に一律20%の税率	贈与額 3000万円 非課税枠 2500万円 税率 ×20% ↓ 納付税額 100万円	納付税額 1036万円
相続時	贈与財産額（贈与時の価額）を相続財産の価額に加算して、相続税額を精算	贈与額 3000万円 相続額 1500万円 4500万円＜基礎控除：4800万円 ↓ ・無税 ・贈与時の納付税額 100万円は還付	無税
		合計納税額 0円	1036万円

※ 3000万円を生前贈与し、1500万円を遺産として残す場合（2015〈平成27〉年1月1日以降の相続で、法定相続人が配偶者と子2人の場合）

●相続時精算課税制度を選択できる場合（暦年課税との選択制）

贈与者：60歳以上の者

受贈者：20歳※以上の贈与者の直系卑属である推定相続人および孫

※ 2022〈令和4〉年4月1日以降の贈与については18歳

1 事例

贈与者 A、配偶者 B と子 1 人の家族で、子 C は A から贈与を受けた財産について相続時精算課税を選択し、2 回の贈与を受けていた場合です。

被相続人が所有する全財産は 5000 万円。贈与は 1 年目 1500 万円、2 年目に 1300 万円を受けたとします。この場合の贈与税の扱いは、以下のようになります。

・1年目　1500万円を贈与（特別控除額1500万円）
　　　　➡贈与税は0円
・2年目　1300万円を贈与（特別控除額1000万円）
　　　　➡贈与税は（1300万円－1000万円）×20%＝60万円

よって、相続時に支払う相続税から、すでに納めた 60 万円が差し引かれることになります。その控除の仕組みを表したのが次ページの図です。

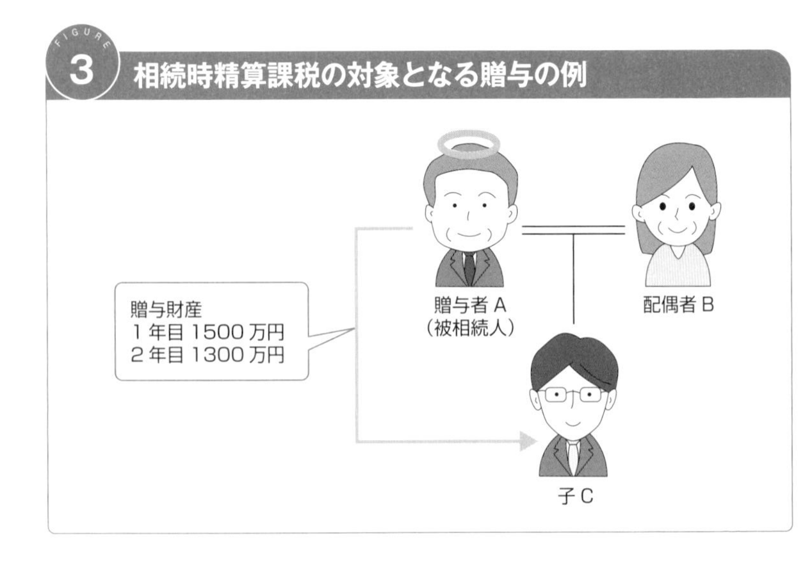

FIGURE 4 相続時精算課税における贈与税相当額の控除の例

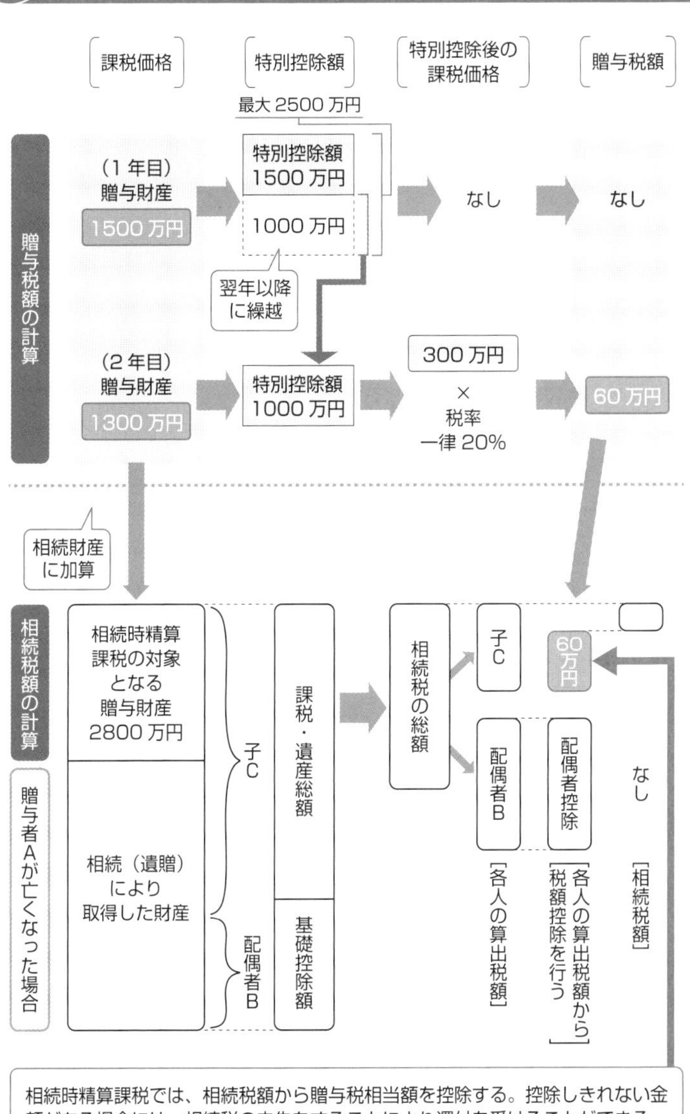

相続時精算課税では、相続税額から贈与税相当額を控除する。控除しきれない金額がある場合には、相続税の申告をすることにより還付を受けることができる

「戯け」と「田分け」

時代劇で、武士がよく粗相をした家臣や使用人に、「このたわけ者」と叱責する場面がよく登場します。このたわけ者の「たわけ」には2つの語源があると言われます。

1つは、「ばかげたことをする」「ふざける」という意味の「戯(たわ)ける」が名詞となった「戯け」です。戯けという文字が使われている例としては、江戸後期の滑稽な文学である通俗小説のことを戯作といい、現代でも劇作品を広く戯曲と呼んでいます。

一方、「たわけ」は「田を分ける」という言葉に由来するという説もよく知られています。

これは鎌倉時代に遺産相続をする際に、子供の人数で田を分けると、孫の代、ひ孫の代へと受け継がれていくうちに、それぞれが持つ田の面積が狭くなり、大切な米の収穫量が減っていずれ家系は衰退するので、そのような愚かなことをする者を戒め、「田分け(たわけ)者」と呼んだという説です。

現在の相続でも、相続財産が5億円あったとした場合、相続人が3人いて、3代続いていくと1代目で3分の1、2代目で9分の1、3代目で27分の1、つまり3代目には相続人一人が受け取る額は1,851万円にしかなりません。

現代でも財産を分割する際に争いが絶えません。どうすれば相続人みんながウインウインの関係で「たわけ者」にならずに済むための賢い相続方法が必要とされますね。

相続の手続きの流れと全体のスケジュール

相続を知る上で大切なことは、相続全体の流れを把握することです。これまで見てきた贈与と相続法と照らし合わせ、実際の期限などを確認した上で相続の手続を見ていきましょう。

相続の流れとスケジュール

身近な方が亡くなった場合、相続開始から故人の遺品整理、役所への届け出など様々な手続が待ち受けています。ここでは、これら相続手続きの流れと必要な書類について説明します。

相続の手続には多くの書類があり、これらの書類を役所や関係機関へ提出する場合は、期限が定められていてスケジュールを立てて行う必要があります。遺族がすべきお金関係の手続には、生活に関する手続と財産相続に関する手続があります。

生活関連の手続には、公共料金等の名義変更・解約や生命保険金等の請求などがあり、これらは早急に済ませなければなりません。

一方、財産相続の手続の場合は、相続税の申告書の提出が必要であり、手順を踏んで 10 か月以内に終わらせる必要があります。その手順をどう進めるかについて、以下に紹介していきます。

1 遺言書有無の確認

まず、相続が発生したら故人が遺言を残していないかを調べます。法務局の保管所で遺言書の閲覧請求か遺言書情報証明書の交付請求書を行います。法務局に預けていない自筆証書遺言の場合には、さらに裁判所で検認の手続が必要となります。また、封印がある遺言書は、家庭裁判所において相続人の立会いがなければ開封することはできません（「遺言書情報証明書の申請」➡ P47）。

1 相続の手続の流れと全体のスケジュール

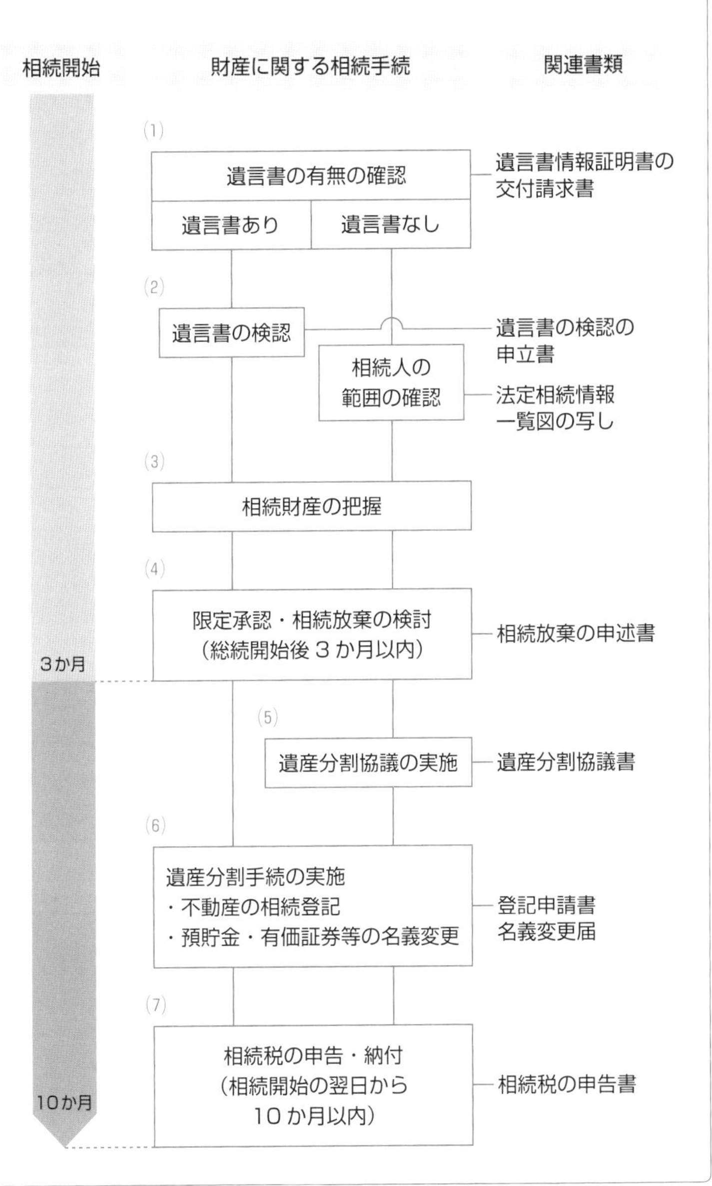
相続開始
財産に関する相続手続
関連書類
(1)
遺言書の有無の確認
遺言書情報証明書の交付請求書
遺言書あり
遺言書なし
(2)
遺言書の検認
遺言書の検認の申立書
相続人の範囲の確認
法定相続情報一覧図の写し
(3)
相続財産の把握
(4)
限定承認・相続放棄の検討
(総続開始後3か月以内)
相続放棄の申述書
3か月
(5)
遺産分割協議の実施
遺産分割協議書
(6)
遺産分割手続の実施
・不動産の相続登記
・預貯金・有価証券等の名義変更
登記申請書
名義変更届
(7)
相続税の申告・納付
(相続開始の翌日から10か月以内)
相続税の申告書
10か月

2 相続人の範囲の確認

遺言書に記載された人以外に相続人がいないかどうか、被相続人と相続人の戸籍謄本を収集し、誰が相続人となるのか調査します。特に被相続人の戸籍謄本は生まれた頃からのすべて戸籍を調べる必要があります。

なお、2017 年 5 月より開始された**法定相続情報証明制度**という制度を利用すると、被相続人と相続人の戸籍謄本の内容を 1 枚にまとめた「法定相続情報一覧図の写し」があり、戸籍謄本一式の代わりにすることができます。

これを取得する場合は、以下の書類が必要となります。

・被相続人の戸除籍謄本
・被相続人の住民票除票
・相続人の戸籍謄抄本
・申出人の本人確認

3 相続財産の把握

被相続人のプラスの財産と借金などのマイナスの財産両方の調査を行います。相続財産が少ない場合は、相続税が発生しないため申告は不要となります（「相続の対象となる財産」➡ P17）。

4 限定承認や相続放棄の検討

相続財産の合計額が不透明な場合やマイナスとなる場合があります。そのための限定承認や相続放棄をする場合は、家庭裁判所に対して、期限内に申請する必要があります（「相続するか否かを相続人が選択できる 3 つの方法」➡ P19）。

5 相続人による遺産分割協議

遺言があればその内容どおりに財産を分割します。遺言書がない場合は、相続人による遺産分割の協議を行います。協議の成立には相続人全員の合意が必要です。そして合意の結果を遺産分割協議書として文書で残します。相続人間で遺産分割協議や債権者との協議の結果によっては、裁判所での調停を検討したり、相続放棄をしたほうがよい場合もあります（「遺産分割協議」➡P13）。

6 遺産分割手続きの実施

遺言書あるいは遺産分割協議書に基づいて遺産分割の手続きを行います。

- 不動産の相続登記
  - 遺産分割協議書
  - 被相続人の戸籍謄本（出生から死亡までのすべて）
  - 被相続人の住民票の除票
  - 相続人全員の戸籍謄本、住民票
  - 土地の固定資産評価証明書
- 預貯金、有価証券等の名義変更

7 相続税の申告・納付

相続税の申告・納付は、相続開始の翌日から10か月以内に行わなければなりません。申告書は第1表から第15表まであり、各種証明書などの提出も必要です。

FIGURE 2 法定相続情報一覧図

最後の住所は、住民票の除票（又は戸籍の附票）により確認して記載する。（最後の本籍の記載は、申出人の任意であるが、住民票の除票等が市区町村において廃棄されている場合は、被相続人の最後の住所の記載に代えて最後の本籍を必ず記載する。）

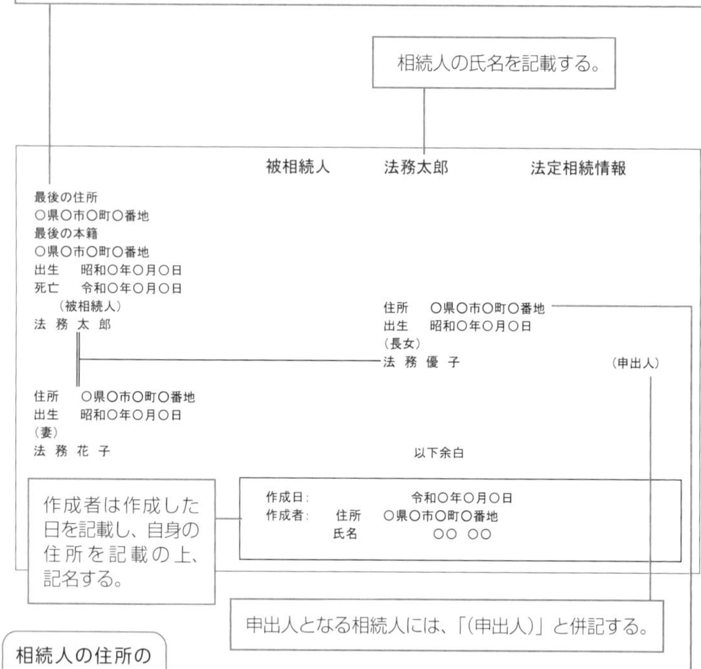

相続人の氏名を記載する。
被相続人　法務太郎　法定相続情報
最後の住所
○県○市○町○番地
最後の本籍
○県○市○町○番地
出生　昭和○年○月○日
死亡　令和○年○月○日
（被相続人）
法 務 太 郎
住所　○県○市○町○番地
出生　昭和○年○月○日
（長女）
法 務 優 子
（申出人）
住所　○県○市○町○番地
出生　昭和○年○月○日
（妻）
法 務 花 子
以下余白
作成者は作成した日を記載し、自身の住所を記載の上、記名する。
作成日：　令和○年○月○日
作成者：　住所　○県○市○町○番地
氏名　○○ ○○
申出人となる相続人には、「(申出人)」と併記する。

相続人の住所の記載は任意だが、記載すれば、その後の手続で各相続人の住民票の写しの提供が不要となる。

相続人の住所の記載は任意である。記載する場合は、住民票の写し等にあるとおり記載するとともに、その住民票の写し等を提出する必要がある。記載しない場合は、「住所」の項目を削除する。

※法定相続情報一覧図は、Ａ４縦の用紙を使用してください。なお下から約 5cm の範囲に認証文を付しますので可能な限り下から約 5cm の範囲には記載をしないでください。紙質は、長期保存することができる丈夫なものにしてください。また、文字は、直接パソコンを使用し入力するか、又は黒色インク、黒色ボールペン（摩擦等により見えなくなるものは不可）で、楷書ではっきりと書いてください。

遺産分割協議書の例

遺 産 分 割 協 議 書

令和元年６月２０日，○○市○○町○番地 法務太郎 の死亡によって開始した相続の共同相続人である法務花子，法務一郎及び法務温子は，本日，その相続財産について，次のとおり遺産分割の協議を行った。

相続財産のうち，下記の不動産は，法務一郎（持分２分の１）及び法務温子（持分２分の１）が相続する。

この協議を証するため，本協議書を３通作成して，それぞれに署名，押印し，各自１通を保有するものとする。

令和元年７月１日

○○市○○町二丁目１２番地　　法 務 花 子　実印（注14）
○○郡○○町○○３４番地　　法 務 一 郎　実印（注14）
○○市○○町三丁目４５番６号　　法 務 温 子　実印（注14）

記

不動産
所　在　○○市○○町一丁目
地　番　２３番
地　目　宅地
地　積　１２３・４５平方メートル

所　在　○○市○○町一丁目２３番地
家屋番号　２３番
種　類　居宅
構　造　木造かわらぶき２階建
床面積　1階　４３・００平方メートル
　　　　2階　２１・３４平方メートル

＊これは，記載例です。この記載例を参考に，協議の結果に応じて作成してください。

相続人の氏名は手書きで、押印は実印で行うこと。複数ページの場合は製本と割印を。

FIGURE 4 登記申請書

登記申請書

登記の目的　所有権移転

原　　因　令和1年6月20日相続　（注1）

相 続 人　（被相続人　法務太郎）（注2）
○○郡○○町○○34番地
（住民票コード12345678901）（注3）
（申請人）　持分2分の1　法務一郎　印（注4）
○○市○○町三丁目45番6号
（申請人）　持分2分の1　法務温子　印
連絡先の電話番号00−0000−0000（注5）

添付情報
登記原因証明情報（注6）住所証明情報（注7）

□登記識別情報の通知を希望しません。（注8）

令和1年7月1日申請　○○法務局（又は地方法務局）○○支局（又は出張所）

課税価格　金2，000万円（注9）

登録免許税　金80，000円（注10）

不動産の表示（注11）
不動産番号　1234567890123（注12）
所　　在　○○市○○町一丁目
地　　番　23番
地　　目　宅地
地　　積　123・45平方メートル

不動産番号　0987654321012
所　　在　○○市○○町一丁目23番地
家屋番号　23番
種　　類　居宅
構　　造　木造かわらぶき2階建
床 面 積　1階　43・00平方メートル
　　　　　2階　21・34平方メートル

添付書類の代わりに法定相続情報一覧図の写しを提出できる。

相続税の申告書（第1表）

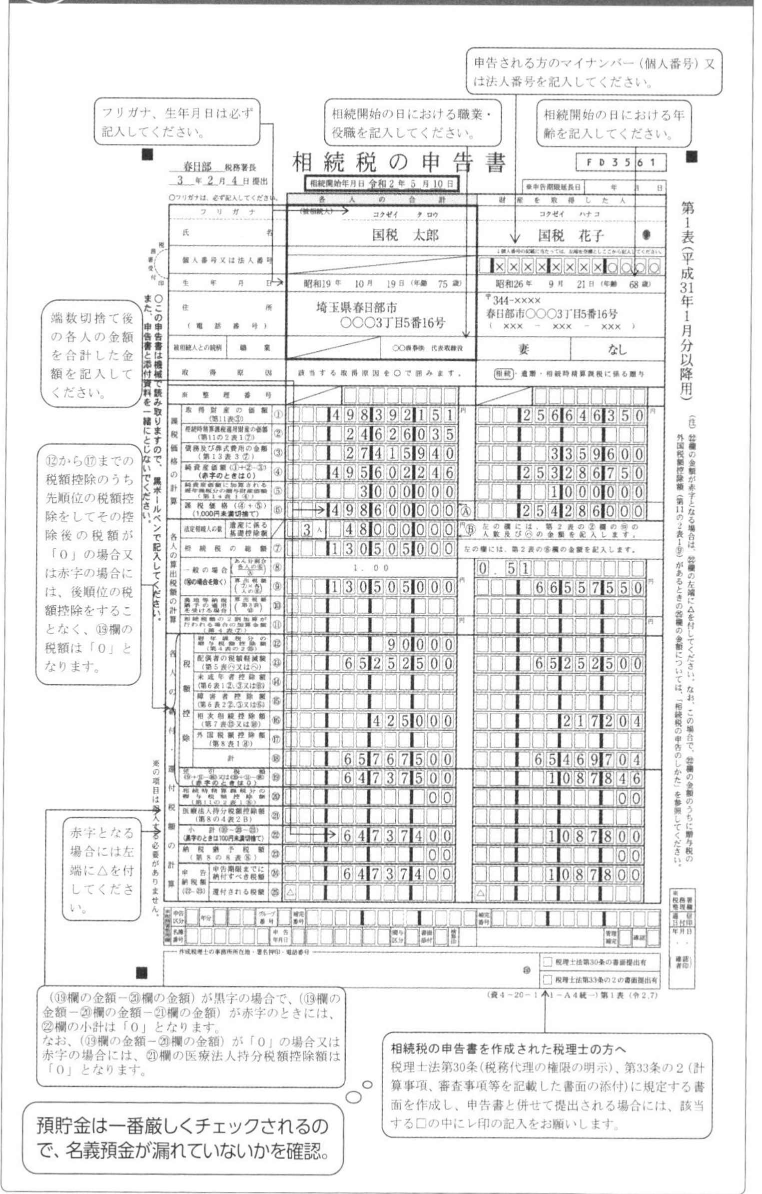

申告される方のマイナンバー（個人番号）又は法人番号を記入してください。

フリガナ、生年月日は必ず記入してください。

相続開始の日における職業・役職を記入してください。

相続開始の日における年齢を記入してください。

端数切捨て後の各人の金額を合計した金額を記入してください。

⑫から⑰までの税額控除のうち先順位の税額控除を控除をしてその控除後の税額が「0」の場合又は赤字の場合には、後順位の税額控除をすることなく、⑲欄の税額は「0」となります。

赤字となる場合には左端に△を付してください。

（⑲欄の金額－⑳欄の金額）が黒字の場合で、（⑲欄の金額－⑳欄の金額－㉑欄の金額）が赤字のときには、㉒欄の小計は「0」となります。
なお、（⑲欄の金額－⑳欄の金額）が「0」の場合又は赤字の場合には、㉑欄の医療法人持分税額控除額は「0」となります。

相続税の申告書を作成された税理士の方へ
税理士法第30条（税務代理の権限の明示）、第33条の2（計算事項、審査事項等を記載した書面の添付）に規定する書面を作成し、申告書と併せて提出される場合には、該当する□の中にレ印の記入をお願いします。

預貯金は一番厳しくチェックされるので、名義預金が漏れていないかを確認。

相続税の申告書

FD3561

春日部 税務署長
3 年 2 月 4 日提出

相続開始年月日 令和2年5月10日

第1表（平成31年1月分以降用）

項目	各人の合計	財産を取得した人
フリガナ	（被相続人）コクゼイ タロウ	コクゼイ ハナコ
氏名	国税 太郎	国税 花子
個人番号又は法人番号		×××××××××○○○○
生年月日	昭和19年10月19日（年齢75歳）	昭和26年9月21日（年齢68歳）
住所（電話番号）	埼玉県春日部市〇〇〇3丁目5番16号	〒344-×××× 春日部市〇〇〇3丁目5番16号（××× - ××× - ×××）
被相続人との続柄・職業	〇〇商事㈱ 代表取締役	妻 / なし
取得原因	該当する取得原因を〇で囲みます。	相続・遺贈・相続時精算課税に係る贈与
① 取得財産の価額（第11表③）	498392151	256646350
② 相続時精算課税適用財産の価額（第11の2表1⑦）	24626035	
③ 債務及び葬式費用の金額（第13表3⑦）	27415940	3359600
④ 純資産価額（①+②-③）（赤字のときは0）	495602246	253286750
⑤ 純資産価額に加算される暦年課税分の贈与財産価額（第14表1④）	3000000	1000000
⑥ 課税価格（④+⑤）（1,000円未満切捨て）	498600000 Ⓐ	254286000
法定相続人の数・遺産に係る基礎控除額	3人 48000000 Ⓑ	左の欄には、第2表の②欄の回の人数及び○の金額を記入します。
⑦ 相続税の総額	130505000	左の欄には、第2表の⑧欄の金額を記入します。
⑧ 一般の場合 あん分割合	1.00	0.51
⑨ 算出税額	130505000	66557550
⑩ 農地等納税猶予の適用を受ける場合 算出税額		
⑪ 相続税額の2割加算が行われる場合の加算金額（第4表⑦）		
⑫ 暦年課税分の贈与税額控除額（第4表の2㉖）	90000	
⑬ 配偶者の税額軽減額（第5表㋥又は㋭）	65252500	65252500
⑭ 未成年者控除額（第6表1②、③又は⑥）		
⑮ 障害者控除額（第6表2②、③又は⑥）		
⑯ 相次相続控除額（第7表⑬又は⑱）	425000	217204
⑰ 外国税額控除額（第8表1⑧）		
⑱ 計	65767500	65469704
⑲ 差引税額（⑨+⑪-⑱）又は（⑩+⑪-⑱）（赤字のときは0）	64737500	1087846
⑳ 相続時精算課税分の贈与税額控除額（第11の2表1⑧）	00	00
㉑ 医療法人持分税額控除額（第8の4表2B）		
㉒ 小計（⑲-⑳-㉑）（黒字のときは100円未満切捨て）	64737400	1087800
㉓ 納税猶予税額（第8の8表⑧）	00	00
㉔ 申告納税額（㉒-㉓）申告期限までに納付すべき税額	64737400	1087800
㉕ 還付される税額	△	△

○この申告書は機械で読み取りますので、黒ボールペンで記入してください。
また、申告書と添付資料を一緒にとじないでください。

※の項目は記入する必要がありません。

（注）㉒欄の金額が赤字となる場合は、㉒欄の左端に△を付してください。なお、この場合で、㉒欄の金額のうちに贈与税の外国税額控除額（第11の2表1⑨）があるときの㉕欄の金額については、「相続税の申告のしかた」を参照してください。

作成税理士の事務所所在地・署名押印・電話番号

□ 税理士法第30条の書面提出有
□ 税理士法第33条の2の書面提出有

（資4-20-1-1-A4統一）第1表（令2.7）

索引

●た行

●な行

●は行

●ま行

●や行

●ら行

●わ行

●著者紹介

相続・贈与の法律実務研究会

相続・贈与に関する法と実務をテーマに講習会、執筆を行う研究グループ。法律系国家資格の受験指導に定評があるその道の専門家が意見交換する場でもある。また、法律系資格試験関連の情報発信も行っている。

●監修者プロフィール

三木 邦裕(みき くにひろ)

1952年生。1976年中央大学法学部卒。日本ペンクラブ会員。著書に『独学・過去問で効率的に突破する!「司法書士試験」勉強法』(同文館出版)、「今年こそ行政書士！」シリーズ、「今年こそ司法書士！」シリーズ、「今年こそ！宅建」シリーズ、『マンガでわかる！法律の抜け穴(9)ミステリーファイル・日常の迷宮編』、『土地家屋の法律知識』(以上、自由国民社)、『図解有限会社』(ナツメ)、『届け出と手続きの本』(PHP研究所)、『公務員をめざす人の本』(成美堂出版)他多数。

●執筆編集協力

オフィス イイダ

図解ポケット
最新 相続・贈与の法律がよくわかる本

発行日 2021年 7月 1日 第1版第1刷
2023年 7月14日 第1版第2刷

著 者 相続・贈与の法律実務研究会
監 修 三木 邦裕

発行者 斉藤 和邦
発行所 株式会社 秀和システム
〒135-0016
東京都江東区東陽2-4-2 新宮ビル2F
Tel 03-6264-3105（販売）Fax 03-6264-3094
印刷所 三松堂印刷株式会社 Printed in Japan

ISBN978-4-7980-6265-5 C0032